U0612734

农业供给侧结构性改革背景下我国粮食价格支持政策调整与改革对策研究

钱加荣 著

中国农业出版社
北 京

图书在版编目（CIP）数据

农业供给侧结构性改革背景下我国粮食价格支持政策调整与改革对策研究 / 钱加荣著. —北京：中国农业出版社，2021.7
ISBN 978-7-109-27968-1

Ⅰ.①农…　Ⅱ.①钱…　Ⅲ.①粮食－商品价格－物价政策－研究－中国　Ⅳ.①F762.1

中国版本图书馆 CIP 数据核字（2021）第 033133 号

农业供给侧结构性改革背景下我国粮食价格支持政策调整与改革对策研究
NONGYE GONGJICE JIEGOUXING GAIGE BEIJING XIA WOGUO LIANGSHI
JIAGE ZHICHI ZHENGCE TIAOZHENG YU GAIGE DUICE YANJIU

中国农业出版社出版
地址：北京市朝阳区麦子店街 18 号楼
邮编：100125
责任编辑：孙鸣凤
版式设计：杜　然　责任校对：刘丽香
印刷：北京大汉方圆数字文化传媒有限公司
版次：2021 年 7 月第 1 版
印次：2021 年 7 月北京第 1 次印刷
发行：新华书店北京发行所
开本：700mm×1000mm　1/16
印张：11.75
字数：200 千字
定价：68.00 元

国家社会科学基金青年项目（17CJY037）资助成果

前　言

　　粮食价格支持政策在稳定粮食生产、保障国家粮食安全等方面有着举足轻重的地位。随着价格支持水平的持续提高，该政策所带来的库存攀升、价格倒挂等问题也日益突显；我国粮食价格支持政策面临较大调整和改革压力。

　　2017 年中央 1 号文件明确提出，要 "坚持并完善稻谷、小麦最低收购价政策，合理调整最低收购价水平，形成合理比价关系。坚定推进玉米市场定价、价补分离改革，健全生产者补贴制度"。调整粮食价格支持水平势必会对国家粮食安全及农民种粮收益产生较大影响，价格支持水平调整范围确定在何区间，调整对农民种粮收益影响如何，相应的生产者补贴标准确定在何水平，以及在供给侧结构性改革推进过程中，粮食价格支持政策如何发挥良好的导向和助推作用等，都是当前迫切需要探索的实际问题。

　　本书立足农业供给侧结构性改革背景，以 2017 年中央 1 号文件提出的完善粮食价格支持政策和合理调整价格支持水平等问题为导向，梳理了新中国成立以来我国粮食价格政策演变过程，分析了当前粮食价格支持政策对粮食市场价格和生产成本的作用机制和影响效应，在此基础上构建针对价格支持政策评价的粮食供需均衡模型，并运用供求均衡模型模拟分析稻谷、小麦最低收购价下调及玉米临时收储价格取消对我国粮食安全指标、农户种粮收益等的影响。本书从量化分析角度，为政府合理确定粮食价格支持水平和生产者补贴标准提供科学依据及相关政策建议，对完善当前粮食价格支持政策、确保国家粮食安全、维护农民根本利益等具有重要政策意义。

本书的主要研究结论有：

（1）价格支持政策是影响当前我国粮食市场价格的最主要因素；稻谷和小麦生产价格对各自最低收购价的反应弹性分别为 0.509 和 0.609；价格支持政策是导致生产成本攀升的重要因素，政府参照生产成本动态确定粮食价格支持水平，导致二者之间存在相互抬升关系；实证来看，最低收购价水平每提高 1％，稻谷、小麦生产成本将分别提高 0.647％ 和 0.811％。

（2）降低价格支持水平能够减少粮食产量、增加粮食消费需求，从而会降低粮食自给率水平，对我国粮食安全状况产生重大影响。稻谷、小麦最低收购价分别下调 20％和 10％时，稻谷、小麦自给率将接近 100％的绝对安全底线。

（3）最低收购价每调减 5％，稻谷和小麦每亩收益将分别减少 51.3 元和 38.8 元，当稻谷、小麦最低收购价分别下调至 20％和 10％支持底线时，每亩收益将分别减少 211.2 元和 78.3 元，取消玉米临时收储政策后，农户每亩玉米种植收益将减少 235.5 元。

（4）最低收购价水平每调减 5％，稻谷和小麦当年库存消费比将分别下降 1.78 个和 4.29 个百分点，次年库存消费比将分别下降 1.97 个和 3.89 个百分点；玉米临时收储价格取消将导致玉米当年库存消费比下降 8.86 个百分点，次年库存消费比下降 7.73 个百分点，考虑到我国粮食库存消费比较高，调整价格支持政策并不能有效去除我国粮食高库存。

（5）在供给侧结构性改革背景下，我国粮食价格支持政策还存在以下主要问题：只注重总量的调控，没有对产品质量进行有效调节；缺乏地区间政策差异，难以突出区域优势；和优良品种推广联系不够紧密，不能发挥良好的导向作用。

本书提出了当前我国粮食价格支持政策调整和改革的对策建议，具体包括长期坚持粮食价格支持政策，维持适当价格支持水平，牢牢守住国家粮食安全底线；打破支持价格参照生产成本动态调整，维持价格支持水平相对稳定；完善生产者补贴、农资价格管控等政策配套措施，遏制价格支持政策负面影响；执行差别化价格支持政策，助推农业供给侧结构性改革；采取多样化手段，去除粮食库存等。

本研究获国家社会科学基金青年项目（17CJY037）立项资助。全书共分9章，第1章为绪论部分；第2章梳理了新中国成立以来我国粮食价格政策的演变历程；第3章分析了当前我国粮食价格支持政策的执行以及执行后粮食市场变化情况；第4章重点论述了粮食价格支持政策与农业供给侧结构性改革之间关系；第5、6章分别分析了粮食价格支持政策对粮食市场价格和生产成本的直接作用机制和影响效应，重点指出价格支持政策是导致我国农业生产成本上升的重要因素；第7章基于对价格支持政策的直接作用机制分析，构建了我国稻谷、小麦和玉米三大主粮局部均衡模型；第8章运用局部均衡模型模拟分析价格支持政策在各下调情景方案下，国内粮食安全指标变化及农民纯收入变化情况；第9章总结归纳了本书的主要研究结论和政策建议。

受作者能力、时间局限，本书多有不足之处，欢迎读者批评雅正。

钱加荣

2020 年 11 月

目　　录

第 1 章 绪 论

1.1 问题的提出

我国拥有世界最大规模的人口，粮食生产和消费量稳居世界第一。解决好 14 亿人口的吃饭问题，始终是最根本的民生问题，是关系国家发展与安全大局的头等大事。20 世纪 90 年代末开始，国内粮食价格持续下跌，粮食产量及自给水平也不断下滑，严重威胁我国粮食安全。面对日益严峻的粮食供需局势，为保护农民种粮积极性，稳定粮食生产面积，促进产量稳步提升，国家从 2004 年开始在稻谷主产区实行稻谷最低收购价政策，2006 年在小麦主产区实行小麦最低收购价政策，2008 年在东北地区执行玉米临时收储政策。为落实 2008 年中央 1 号文件有关促进农业发展和农民增收的要求，政府从 2008 年开始逐步提高稻谷、小麦价格支持水平，到 2014 年稻谷、小麦最低收购价分别较 2007 年提高 99.5%、68.6%。强有力的价格政策干预有效促进了我国粮食生产，持续下滑的粮食产量得到有效遏制并逐年实现恢复性增长，截至 2015 年，稻谷和小麦产量分别提高到 2.08 亿吨和 1.3 亿吨，较 2003 年分别提高 29.6% 和 50.5%，粮食产量实现 "十二连增"。粮食价格支持政策对稳固粮食生产、保障我国粮食安全发挥了重要作用。但随着价格支持水平的持续提高，其带来的负面问题也日益突显，如粮食库存攀升、进口增加、价格倒挂，给我国粮食产业健康长远发展带来巨大挑战。我国现行粮食价格支持政策需作出相应调整和改革，2016 年国家试探性调低早籼稻最低收购价并取消了玉米临时收储政策,将东北三省一区玉米市场调控政策调整为"市场化收购"加"生产者补贴"的新机制。

2015年中央农村工作会议强调要"着力加强农业供给侧结构性改革,提高农业供给体系质量和效率,使农产品供给数量充足、品种和质量契合消费者需要,真正形成结构合理、保障有力的农产品有效供给",会议首次提出"农业供给侧结构性改革"这一表述。2016年12月31日,《中共中央国务院关于深入推进农业供给侧结构性改革加快培育农业农村发展新动能的若干意见》(2017年中央1号文件),明确提出"稳定水稻、小麦生产,确保口粮绝对安全,重点发展优质稻米和强筋弱筋小麦""坚持并完善稻谷、小麦最低收购价政策,合理调整最低收购价水平,形成合理比价关系""坚定推进玉米市场定价、价补分离改革,健全生产者补贴制度"等要求。2017年中央1号文件发布后不久,国家开始全面下调早籼稻、中晚籼稻和粳稻最低收购价水平,每50千克稻谷最低收购价较2016年平均下调约4元。粮食价格是稳定粮食生产、影响农民生产决策的关键因素(谭砚文等,2014),调低或取消支持价格势必会对国家粮食市场及农民种粮收益产生较大影响。面对缓解当前粮食市场诸多问题与粮食安全保障双重要求,粮食最低收购价水平下调到何种程度才不会给国家粮食安全带来重大威胁;调低最低收购价水平或取消玉米临时收储政策,农民收入该如何保障、生产补贴标准确定为多少才能保障农民种粮收益不减少;价格支持政策在推进农业供给侧结构性改革中的地位和作用如何,这些问题都是调整和改革我国粮食价格支持政策时,迫切需要解决的具体问题。本书拟从量化的角度对上述问题展开积极探索,提出调整和改革当前我国粮食价格支持政策的对策建议,具有较强的政策参考意义。

1.2 国内外研究动态

紧扣研究主题，从粮食价格支持政策理论与实证研究、粮食生产成本研究、粮食价格支持政策国家经验借鉴、粮食价格支持政策调整和改革思路等方面，对国内外研究进展进行梳理和述评。

1.2.1 粮食价格支持政策理论与实证研究

（1）粮食价格支持政策理论及描述性分析

价格理论是粮食价格支持政策制定和实施的基础，传统的价格理论形成于 19 世纪末到 20 世纪中期，以马歇尔的均衡价格理论为主要代表，认为价格由供求决定，当需求一定时，供给变化会引起价格反向变化；当供给一定时，需求变化则会引起价格同向变化。20 世纪中期以后，一些学者对传统的价格理论作了进一步完善，进入 21 世纪，我国学者也对价格理论进行了丰富和发展，如汪林海（2008）提出了二元价格决定理论，认为生产成本和商品品质共同决定商品价格。何全胜（2010）对传统价格理论的谬误进行归纳，根据不同的价格形成机制，将价格分为内生价格和外生价格，从而建立了"新价格理论"。新价格理论认为内生价格由供求决定，而外生价格不是由市场竞争形成的。外生价格违背了自由市场交易原则，且对需求和供给均产生影响。实际上，粮食价格支持正是外生价格的体现。基于对新价格理论的认知，有利于分析我国粮食价格形成机制，有利于制定和完善粮食价格支持政策。

国内早期关于价格支持政策的研究主要集中于理论分析层面，从市场供求均衡理论和福利经济学相关理论着手，分析价格支持政策对粮食市场供给、社会福利等产生的影响（肖海峰，1999；黄奕忠，2006；刘睿，2009）。一些学者通过比较政策实施前后粮食市场价格和粮食生产等变化来分析价格支持政策的实施效果（施勇杰，2007；徐志刚等，2010；李国祥，2011；贺伟，朱善利，2011；谭砚文等，2014）。施勇杰（2007）指出粮食最低收购价政策起到明显成效，粮食产量和农民收入比政策实施前有了明显增加；粮食市场价格也趋于稳定，未因粮食产量增加而出现下降。李国祥（2011）指出 2009 年上半年全国农产品价格总体呈下降趋势，而小麦和稻谷价格在托市收购政策的作用下逆势上涨，最低收购价政策对粮食价格起到明显的支撑作用。谭砚文等（2014）对农户种植情况开展调查，调查结果显示在最低收购价不断提高的情况下，约 50% 受访农户会保持现有生产规模，约 40% 受访农户会扩大播种面积或增加要素投入量；粮食价格支持政策对农民生产决策行为产生明显影响，是稳定粮食生产的最有效措施。

国外关于农业价格支持政策的研究起步较早，可追溯到 20 世纪 40 年代。Drummond（1951）系统论述了农业价格支持政策的目标，指出主要政策目标有保障市场供求、稳定农产品市场价格、保障农民收入等。Pasour（1980，1983）、Groenewegen 和 Clayton（1982，1983）、Belongia（1983）等学者讨论了价格支持水平确定问题。Fraser（1994）基于农户收入方程和效用方程，从理论上分析了价格支持政策对农户弃耕行为的影响，认为由于价格支持政策的存在，特别是当价格支持水平相对较高时，农民不会因为市场价格存在不确定性而减少播种面积。Russo 等（2011）认为农业市场是非完全竞争市场，在非完全竞争条件下降低价格支持水平不一定会提高社会福利水平，且补贴政策不一定比价格支持政策更有效率。

（2）粮食价格支持政策实证研究

粮食价格支持政策的实证研究相对较多。穆月英和小池淳司（2009）构建空间一般均衡模型，对粮食最低收购价政策的综合影响进行模拟分析，模拟结果显示粮食最低收购价政策减少粮食和其他农业部门的总产出和最终需求，使国民收入略有增加，而对社会福利没有产生明显影响。王士海和李先德（2012）运用双差分模型和面板数据模型实证分析小麦、早籼稻、晚籼稻、粳稻等粮食品种价格支持政策的托市效应，分析显示最低收购价政策托市效应明显。Qian 等（2013）运用灰色关联分析法对我国粮食最低收购价政策的执行效果进行评价，研究发现在影响粮食价格的因素中，最低收购价政策对市场价格形成的影响最大，其次为生产成本，而粮食产量、国际粮价对我国粮食价格的影响并不明显。张爽（2013）基于价格预期理论建立不同供给反应方程，实证分析了最低收购价政策对农户种植行为的影响。贾娟琪等（2016）基于 2003 年 1 月至 2015 年 12 月稻谷、小麦和玉米三大主粮月度价格数据，运用 VEC‐DCC‐GARCH 模型，考察粮食价格支持政策对国内外粮价波动影响，分析表明价格支持政策削弱了国际粮食价格对国内粮食价格的溢出效应，我国粮食价格支持政策实施以后，国际粮价对国内粮价的影响由之前的具有波动溢出效应变为不具有波动溢出效应，且国内外粮价的相关性在减弱。贾娟琪和李先德（2016）采用 VAR 模型、脉冲响应函数和方差分解等方法，分析了粮食价格支持政策、粮食储备政策和粮食进口政策对稻谷、小麦和玉米三大主粮市场价格波动的影响，研究发现长期内小麦和稻谷市场价格波动受价格支持政策影响最大，受储备政策和进出口政策影响较小。胡丰和李舟（2016）基于稻谷主产区面板数据和供给反应方程，实证分析了高生产成本背景下粮食价格支持政策对农户生产行为的影响，实证结果表明稻谷价格支持政策对农户生产行为产生显著影响，但粮食生产成本的上升一定程度上削弱了价格支持政策的作用效果。李波（2016）采用 2005—2014 年省级面板数据，运用双重差分设计和反事实模拟方法，实证考察粮食最低收购价政策的影响效应，研究表明价格支持政策存在明显的品种和地区异质性，政府在制定和完善粮食最低收购价政策时，应实行差别化定价政策，充分体现品种差异、品质差异和区域性差异。贾娟琪等（2017）基于山东、河南和河北三省农户调研数据，采用多元选择模型分析不同规模农户生产行为对粮食价格支持政策的反应程度，研究显示种植规模在 10 亩①以上的农户种植决策行为对粮食价格政策调整反应较为明显，规模较大农户在生产决策时更加注重价格因素。曹慧等（2017）运用全球农业贸易局部均衡模型（PEATSim），模拟分析了几种粮食最低收购价政策调整方案对粮食市场和农民收入的综合影响，分析结果显示粮食最低收购价下调幅度超过 10% 时会对粮食市场产生较大冲击，取消最低收购价政策将对粮食市场产生巨大冲击。李雪等（2018）基于日度数据，将最低收购价政策作为虚拟变量引入 GARCH 模型考察价格支持政策对平抑小麦市场价格波动的影响效应，并比较价格支持政策对政策执行地区和非政策执行地区小麦价格的影响，研究结果表明价格支持政策能够明显降低小麦市场价格的波动程度，价格支持政策对小麦市场价格的影响在空间上具有溢出效应，政策影响效应从政策执行地区传导到非执行地区。李邦熹和王亚鹏（2018）建立福利效应测度模型，对小麦最低收购价政策实施前后的生产者和消费者福利效应进行测度，研究结果显示小麦最低收购价政策实施后农户福利效应明显增加，且福利变化的长期效应和短期效基本保持一致。宋亮等（2018）基于中国居民收入调查数据（CHIP），运用双重差分模型考察了粮食价格支持政策对土地流转价格和流转数量的影响，研究结果显示价格支持政策对土地流转价格和规模经营的成本有正向影响，但价格支持政策通过提高种粮收益，整体上对土地流转具有促进作用。

国外关于价格支持政策的实证研究起步较早，为我国学者开展相关研究提供了有益参考。Barker 和 Hayami（1976）采用简单的供求模型，分析比较了价格支持政策和投入品补贴政策对发展中国家食物自给水平的影响，认为投入品补贴政策执行成本较低，就成本收益来看，补贴政策比价格支持政策更加有效率；Sidhu 和 Sidhu（1985）、Malik

---

① 亩为非法定计量单位，15 亩＝1 公顷。下同。——编者注

（1992）同样比较了价格支持和补贴政策的执行效率，并得出类似结论。Traill（1982）采用联立方程组模型，模拟分析了价格支持政策对农业投资、就业、农业收入以及土地价格的影响，Fraser（1991）基于事前价格确定方程和生产者福利方程，提出了价格支持政策对生产者行为影响的评估方法，并采用该方法对欧共体价格支持政策进行分析，分析结果表明价格支持政策扭曲了来自国际市场的信号，对农业生产者行为产生影响并提高了生产者收入水平。Atwood 等（1996）建立风险环境下动态决策模型，考察价格支持政策和农业保险对经济增长、资本结构以及小麦种植户融资状况的影响，指出价格支持和农业保险在减低生产者风险上互为替代关系，在价格支持存在的前提下，农业保险政策能够使生产者承担较高债务而不增加风险。Kim 和 Chavas（2002）构建动态 Tobit 模型分析价格支持政策对美国脱脂奶粉市场的影响，实证结果表明价格支持政策和奶粉库存量对奶粉预期价格产生影响，对减少美国脱脂奶粉市场价格波动起到积极作用。Fraser（2003）基于预期价格、收入方差、生产者效用等方程，评估了取消价格支持后欧盟谷物生产者补偿意愿问题。Chavas 和 Kim（2004）分析了价格决定过程中价格支持政策的截尾效应，采用动态多元 Tobit 模型分析市场自由化背景下价格支持政策对美国奶制品市场价格变化影响，分析结果显示短期内价格支持政策有助于减少价格波动，而长期内减少价格波动作用趋于消失。Serra 等（2005）在 1992 年欧盟共同农业政策（Common Agricultural Policy，CAP）改革框架下，基于农户层面数据实证分析了提高农业价格支持水平和增加面积补贴两种政策方案对农户农药使用量的影响，研究发现农药使用对价格支持政策更具有弹性，因此以降低价格支持水平、提高面积补贴为主要改革方向的欧盟共同农业政策改革，有利于减少农业生产中的农药使用及面源污染。

先前研究从不同的角度对农业价格支持政策的影响进行分析，为价格支持政策的制定和完善提供了重要参考。截至目前，深入分析价格支持与粮食市场内在作用机制及影响效应，分析粮食价格支持政策调整对粮食供需、粮食安全以及种粮成本收益等影响的系统性实证研究还有待进一步开展。

1.2.2 粮食生产成本研究

陈汉圣和吕涛（1997）根据农业生产资料价格与农产品价格的变化速度，将 1978 年以来我国农业生产资料价格变化划分成三个阶段，指出为保证农业健康发展、农民持续增收，必须要保证农业生产资料价格指数的增长速度小于农产品收购价格的增长速度。王韧（2006）基于年度时间序列数据并考虑时间序列结构突变，实证分析了农业人均抚养比例、农业技术水平、农业生产资料价格指数和农业税对农民收入的影响，研究发现农业生产资料价格变化对农民收入影响存在明显的结构变化特征，改革开放以后农业价格上涨对农民收入水平产生明显负向影响。韩艳旗和王红玲（2007）认为原料价格上涨是 2008 年新一轮农资价格上涨的导火索与主要推动力量，农资价格上涨抵消了中央一系列惠农政策给农民带来的实惠，挫伤了农民生产积极性。姚季伦（2009）对有无农业机械推广项目进行对比，分析了农业机械化水平对三大粮食生产成本的影响，研究认为在农业劳动力不断减少和用工成本不断上涨的形势下，农业机械化水平对降低粮食生产成本具有明显作用。蓝海涛和姜长云（2009）指出随着经济周期的变化，我国粮食生产成本呈现波动上升态势，一定时期后将趋于稳定，2004—2008 年劳动力、土地租金和农资价格的快速上升是推动生产成本快速上升的主要原因。谭淑豪（2011）基于水稻主产区农户调研数据，实证分析了农地经营格局对水稻生产成本的影响，分析发现户均规模小、地块分散使得劳动力投入和整地成本比重大幅上升，扩大户均规模和缩短田块间距离可显著降低水稻生产成本。马晓河（2011）总结概括了 1998 年以来我国农业收益和生产成本变化特征，分析指出农业收入增长主要来自价格上涨的贡献，强调要高度重视价格对农业增收的积极作用。刘宁（2012）运用自回归模型和脉冲响应函数考察能源价格波动对粮食生产成本的动态影响，分析发现煤炭价格对粮食生产成本的影响十分显著，石油价格也对粮食生产成本产生重要影响。彭代彦等（2013）基于年度时间序列数据，采用变结构协整分析方法，对我国农业生产资料价格上涨的影响因素进行考察，分析发现成本推动和需求拉升是影响农业生产资料价格快速上涨的重要原因；成本和需求每增加1％，将引起农业生产资料价格分别上升0.43％和0.47％。王双进（2014）认为物资与服务费用、劳动力成本、土地租金是2003年以来我国粮食生产成本持续上涨的直接原因，而农户生产经营效率低下、基础设施供给不足、生产要素投入浪费严重、技术进步水平偏低等方面因素也间接导致我国粮食生产成本走高。吴清华等（2014）构建成本最小化条件下农业生产成本函数，运用分位数回归方法分析农业灌溉设施、等外公路等基础设施建设对农业生产成本的影响，研究结果显示基础设施对我国农业生产成本有正向促进作用，并没有降低农业生产成本；其分析认为农业基础设施建设能够改变农业生产要素配置，引致农业生产成本提高。李文明等（2015）基于全国22省（区、市）的农户调研数据，从规模效益、产出水平和生产成本三个角度对水稻生产的适度经营规模问题进行综合考察，分析结果显示规模较大的农户具备"理性经济人"特征，研究认为在不同政策目标导向下水稻适度经营规模具有差异化标准，不能一概而论。卢华和胡浩（2015）基于农户生产行为理论和农户调研数据，实证分析了土地细碎化对农业生产成本的影响，研究发现随着土地细碎化程度的增加，农户会合理调整不同投入要素在地块之间的投入结构，增加劳动力和化肥要素投入，减少农业机械等新技术的采用，从而明显提升单位面积农业生产成本。曾福生和李飞（2015）基于省级面板数据，构建三大主粮生产成本函数模型，采用似不相关回归分析方法，从规模效应和结构效应角度实证分析农业基础设施对生产成本的影响，分析认为农业基础设施能够通过规模效应明显降低粮食生产成本，通过改善资本、劳动和中间要素的投入结构，也能降低粮食生产成本。朱晶和晋乐（2016）构建超越对数生产成本函数，分析包括电力、道路和农田水利等在内的农业基础设施建设对粮食生产成本的影响效应，分析结果显示农业基础设施和劳动、物质要素投入之间存在替代效应，基础设施可以有效降低粮食生产成本，从而提升农产品国际竞争力。刘强等（2017）利用全国水稻生产综合试验站的固定观察数据，采用随机前沿分析法，分析了农业生产性服务对粮食生产的成本效率，研究表明金融保险服务、农机服务、农业技术服务和加工销售服务对提高成本效率、节约生产成本具有显著作用。王善高和田旭（2017）基于 1985—2014 年省级面板数据，构建随机前沿成本函数模型，对稻谷、小麦和玉米三大粮食作物生产成本上升的原因进行考察，分析结果显示要素价格调整是驱动粮食生产成本增加的首要因素，其次是生产的规模效应；技术进步和成本效率改进对降低粮食生产成本起到一定作用，相对于成本效率改善，技术进步所起的作用更大。虞松波等（2019）基于 1994—2016 年省级面板数据，构建超越对数随机前沿模型，测算了我国小麦的成本效率，进而构建空间计量模型，考察农业机械化服务对小麦生产效率的直接影响及空间溢出效应；分析结果表明农业机械化服务能够显著提高小麦成本效率，本地区农业机械化服务水平对其他区域小麦成本效率也产生积极影响。

国外也有大量研究表明农业生产成本和生产规模成反比例关系，随着生产规模的扩大，单位面积生产成本将减少（Mukhtar，Dawson，1990；Jabarin，Epplin，1994；Hosseinzad，et al.，2009）。Klonsky 和 Karen（2011）强调有机农业的发展推高了农业生产成本。Nehring 等（2010）分析了城市化进程与农业生产成本之间的关系，分析认为城市化进程会提高农业生产成本。也有一些学者的研究表明，基础设施建设有利于降低农业生产成本（Antle，1983；Aschauer，1989；Mamatzakis，

2003；Romeo，Teruel，2005）。

综上所述，国内外研究从生产规模、基础设施建设、土地细碎化、农业机械化程度、能源价格、农业社会化服务、技术进步、成本效率、有机农业发展、城市化进程等角度分析影响农业生产成本的原因，而从农业政策自身层面探寻促进农业生产成本攀升的深层次原因的研究较少。本书将综合考察当前我国粮食价格支持政策与粮食生产成本之间的关系，对完善当前粮食价格支持政策、降低农业成本、保障农民收入水平等具有重要政策参考意义。

1.2.3 粮食价格支持政策国际经验借鉴研究

日本农业资源匮乏，经营规模较小且分散，人均耕地面积不足，同时日本农产品生产成本较高、生产效率较低，与我国农业基本情况类似。然而日本农民收入水平与城市居民接近，这与农产品价格支持政策密不可分。日本农产品价格稳定政策对完善我国粮食价格调控体系具有重要的借鉴意义。周应恒（2010）对日本农产品价格稳定政策进行系统归纳，将日本农产品价格政策分为政府直接管理价格制度、市场价格诱导型价格政策、市场价格事后修正型价格政策，其中市场价格诱导型政策包括最低价格保证制度、价格抑制制度、安定带价格制度等；市场价格事后修正型价格政策包括交付金制度、安定基金制度等。该研究通过比较分析得出的政策启示有：农产品价格支持政策地位重要，具有普遍性，政策制定应以保障农户收益、维持价格稳定为根本目标；农产品市场影响因素复杂，应借鉴日本制定多样化、差异化价格调控政策，且政策应动态调整，具备一定的灵活性；充分发挥市场的作用机制，主要通过价格诱导或事后价格修正等措施对农产品价格进行合理调控。安琪等（2017）对第二次世界大战以来日本粮食安全战略及政策进行系统梳理，并结合我国农业特点，提出我国粮食安全保障政策建议，认为我国粮食安全须立足国内，做到有保有放，坚决保障稻谷、小麦口粮安全，建立健全粮食补贴政策及相关法规体系。叶兴庆（2017）对日本加入世贸组织前后大米支持政策进行归纳比较，指出入世前日本通过边境保护和价格支持实现国内大米自给；入世以后日本对包括大米在内的国内主要农产品支持政策进行改革调整，将边境保护从行政管制向关税化转变，对大米行业的支持从价格支持向收入支持转变，积极实现大米生产的市场化；研究得出的政策启示主要有分阶段走出价格支持政策困局、平衡资源竞争产品之间支持政策、降低粮食生产成本、提高国际竞争力等。李东坡等（2018）系统梳理了日本稻米价格及收入补贴政策的演进过程，指出日本稻米政策正逐步由限产保护向刺激生产、提高产量，改善稻米品质，大力开拓国际市场等方向转变；稻米补贴的重点正在向饲用、酿酒、调料等新用途稻米转变，同时，农业收入补贴正在向农业保险转变。

欧盟在提高粮食产能方面所取得的巨大成就，与实施完善的粮食支持政策、市场干预政策等密不可分。亢霞等（2014）对欧盟粮食支持政策演变进行梳理，将欧盟粮食支持政策的演变历程分为四个阶段：价格支持政策为主阶段（1992年以前），价格支持与收入支持双轨制阶段（1992—2002年），收入支持为主、价格支持为辅阶段（2003—2007年）以及提高收入补贴、生态环境补贴比重阶段（2007年以后），分析指出欧盟逐步减少对市场的干预，综合运用不同政策措施来稳定粮食价格、提高农民收入，认为我国应借鉴欧盟经验、采用多元化支持措施，逐步建立包括最低收购价、目标价格和干预价格等在内的综合价格政策体系。于晓华等（2017）对欧盟共同农业政策演化过程进行回顾，强调欧盟在20世纪80年代也同样经历过当前我国粮食产业面临的困境，我国价格支持政策调整应充分借鉴欧盟共同农业政策改革的经验教训，在保障粮食安全的基础上，逐步引入市场机制，减少价格支持政策对粮食市场的扭曲，逐步增加对农民的直接补贴，保障农民收入水平。

吕晓英和李先德（2014）对美国价格和收入支持、农业保险、国内食品援助、环境保护等农业支持政策的内容作了详细介绍，强调我国应加强农业支持政策保护相关立法工作，确立支持保护农业的法律体系，使支农工作有法可依、有章可循，同时应加大农业支持保护力度，注重农业生态环境保护，积极发展农业保险业务。陈颂东（2016）指出欧美长期综合使用最低收购价和目标价格政策，价格支持逐步向收入补贴转变，认为最低收购价政策在保障农产品供应领域发挥重要作用，为保障我国粮食安全起见，我国不能以目标价格取代最低收购价，应根据不同品种分类实施农产品价格支持政策。徐轶博（2017）对美国农业支持政策发展历程进行梳理回顾，将美国农业支持政策发展分为4个历史阶段：1933—1989年，农业价格支持和补贴为主时期；1990—2002年，开始削减农业补贴，逐步推行农业市场化改革；2002—2014年，回归农业补贴，扩大补贴种类；2014年以后，侧重发展农业保险，突出农业保险主导地位。分析认为从美国农业支持政策改革经验来看，我国应完善农业支持保护的法律体系，实时调整农业支持政策内容，以政策支持推进农业绿色发展，积极发展农业保险政策，强化农业风险管理，同时也要注意利用农业贸易规则，规避贸易风险。

综上，主要发达国家农业价格支持政策内容相对完善细致，普遍采用多样化政策手段保护国内农业，且逐步弱化直接市场干预，强化市场调节机制，注重采用收入性补贴政策工具及发展农业保险，这些举措为我国价格支持政策调整和改革提供了重要借鉴经验。我国粮食价格支持政策应从保障国家粮食安全、细化完善价格支持政策、建立价格支持政策体系、减少市场扭曲等方面做出相应的改革调整。

1.2.4　粮食价格支持政策调整和改革思路研究

程国强（2016）指出目前我国粮食价格政策调整的倒逼机制已经形成，正处于改革的重要关口，粮食价格政策的调整与改革应按照"定向施策、价补分离、创新调控、综合配套"的思路进行，采取"退出价格支持＋种粮收益补贴"组合改革方式，逐步形成以市场定价为基础的粮食价格形成机制、以直接补贴为主体的农民利益保护机制。然而口粮品种完全退出价格支持，会降低口粮供给，威胁国家粮食安全，也会加剧粮食价格大幅波动风险，不利于粮食产业健康发展。叶兴庆等（2016a，2016b）强调从国家粮食安全战略出发，兼顾考虑发展阶段、资源禀赋等，统筹推进粮食价格支持政策改革，提出了"价补统筹、水平适度，一品一策、精准发力，分步实施、央地分担"的总体改革思路。国家发展改革课题组（2016）提出"2＋2"粮食价格支持政策改革框架，即"继续完善大豆目标价格制度，适时推出玉米目标价格政策，继续实施稻谷、小麦最低收购价政策并加以完善"。张照新等（2016）认为我国农业发展已进入新的历史阶段，农业面临的主要问题已经发生改变，粮食市场调控方式应由直接入市收购向更加充分发挥市场主体作用转变，粮食价格支持政策的改革应着眼于降低价格支持水平、完善储备体系、探索目标价格保险、提高粮食产业组织化水平等方向。孔祥智（2016）指出在农业供给侧结构性改革背景下，我国粮食价格支持政策改革既要充分发挥市场的调节机制，又要求政府在必要时给予适当的"托底"，政府的政策干预要从对过去的粮食价格托底转变为农户种粮收入托底。李国祥（2016）认为粮食最低收购价政策对确保新形势下粮食安全起到重要作用，认为应继续执行并完善稻谷、小麦最低收购价政策，该政策的弊端完全可以通过设定生产和购销契约制度、发展订单农业等方式予以克服。

姜长云等（2014）对我国粮食安全问题进行深入剖析，提出要更加重视主食自给和供求平衡，加快推进粮食价格支持政策创新。亢霞（2014）主张建立包括最低收购价、目标价格、干预价格在内的综合性价格政策体系。王双进和苏景然（2014）对改革开放以来我国粮食价格支持政策的演变过程进行归纳总结，并从优化粮食最低收购价政策设计、建立长效价格支持政策体系等方面提出完善我国粮食价格形成机制的政策建议。一些国外学者则强调价格政策制定应侧重于稳定粮食市场价格的政策目标（Andersen，2014；Dev，Rao，2013）。

以上研究大致在粮食价格支持政策调整和改革的顶层设计上达成了共识，明确了我国粮食价格支持政策改革的基本框架和思路，即调整价格支持水平，实现价补分离，出台补贴措施等。但在具体的改革措施上，如最低收购价水平可调多少，价补分离后该补多少、如何补等问题上仍未有明确定论，需作进一步探索研究。

1.3　研究内容

1.3.1　研究对象

本书以服务国家宏观政策决策为导向，研究提出调整和改革我国粮食价格支持政策的对策建议。研究中粮食价格支持政策指稻谷、小麦最低收购价政策和玉米临时收储政策；粮食仅指稻谷、小麦和玉米三大主粮品种。

1.3.2　内容框架

研究内容主要有以下四个方面：

（1）价格支持政策作用机制及直接影响效应研究

分析价格支持政策对粮食市场价格的作用机制，采用省级面板数据实证分析价格支持政策对粮食价格的影响效应；分析价格支持政策对粮食生产成本的影响机制，运用因果检验方法论证价格支持政策是导致粮食生产成本攀升的重要原因，采用面板数据模型估计价格支持政策对粮食生产成本的影响效应。

（2）我国谷物供需均衡模型构建研究

基于价格支持政策作用及传递机制，结合粮食品种供求特点，分别构建稻谷、小麦和玉米供需均衡模型。模型由 5 个模块组成，即粮食生产模块、消费模块、贸易模块、价格和成本联系模块、市场出清，模型考虑了政策、经济发展、人口、技术进步等重要因素，侧重于评价分析价格支持政策对粮食部门综合影响。采用时间序列数据及面板数据，对模型参数进行估计，并根据估计结果确定模型模块中各单方程的具体结构。

（3）价格支持政策调整的模拟分析

基于谷物均衡模型，通过设置多种价格支持水平调整方案，模拟分析不同最低收购价水平调整方案下，稻谷、小麦和玉米的市场供需、自给水平、成本收益等变化情况，确定保障口粮绝对安全的最低收购价下调空间和维持稻谷、小麦种粮收益不变的生产补贴标准；模拟分析玉米临时收储政策取消对农户玉米市场供需及种植收益的影响，确定玉米生产补贴标准。

（4）粮食价格政策调整和改革对策研究

结合农业供给侧结构性改革背景及国外粮食价格政策改革经验，根据实证分析结果，从保障粮食安全、提高有效供给、降低生产成本、保障农民收益、完善配套措施等方面，研究提出我国粮食价格支持政策调整和改革的具体对策建议，为国家宏观决策提供参考。

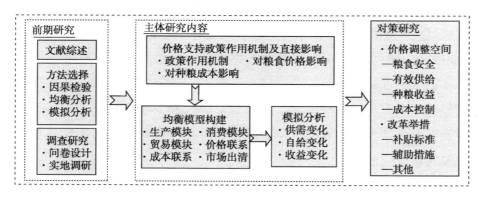

图 1-1　研究内容逻辑框架

1.3.3 研究目标

——揭示粮食价格支持政策作用机制，建立针对价格支持政策评价的粮食供需均衡模型。

——通过模拟分析，确定价格支持水平可调整幅度及收入减少程度，解决最低收购价水平能调多少、每亩生产补贴该补多少等问题。

——结合推进农业供给侧结构性改革，从保障粮食安全、提高有效供给、降低生产成本、保障农民种粮收益、配套完善生产者补贴等角度，提出我国粮食价格支持政策的量化调整目标和具体改革对策。

1.3.4 重点难点

重点：一是作用机制部分。重点在于厘清价格支持政策作用机制，解析价格支持与粮食生产成本间的作用关系和影响机制。二是政策直接影响效应估计及均衡模型构建。重点在于估算价格支持对粮食价格和生产成本的直接影响效应，基于政策作用机制及直接影响，构建主要粮食品种供需均衡模型，实现价格支持与粮食供需各环节有机衔接。三是价格支持政策与农业供给侧结构性改革。重点在于着眼于农业供给侧结构性改革的视角，分析价格支持政策助推和支撑作用，从提高供给质量、降低供给侧成本等方面，研究提出改革建议。

难点：模拟分析各种政策调整方案下粮食供需、自给状况以及种粮成本收益变化，统筹考虑粮食安全、农户收益等，确定合理的价格支持调整范围以及相应的维持农户种粮收益不变时的补贴水平。

1.4 研究思路

立足农业供给侧结构性改革大背景，在已有研究基础上，以价格支持政策作用机制和对粮食市场价格、生产成本的直接影响为切入点，运用局部均衡理论和模拟分析方法，模拟分析价格支持政策调整或取消时粮食市场供需、粮食安全指标、种粮收益等变化程度，确定价格支持水平可调整空间和相应的生产者补贴标准，结合国外成熟的实践经验，统筹考虑国家粮食安全、提高有效供给、降低供给成本、保障农民种粮收益、完善配套补贴政策等方面，研究提出调整和改革我国粮食价格支持政策的具体对策建议。

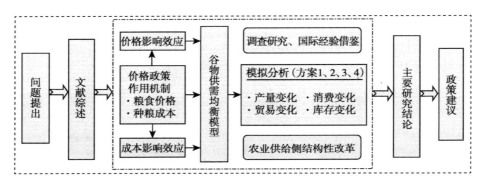

图 1-2 技术路线

1.5 研究意义

本书分析当前价格支持政策的作用机制及对谷物供需的影响机制和路径，以此确立谷物均衡模型基本框架结构，运用均衡模型模拟分析粮食价格支持政策调整对粮食安全、种粮收益等影响程度，基于实证研究结果为政府合理确定粮食价格支持水平和生产补贴标准提供科学依据，为完善我国粮食价格支持政策等提出合理化建议。在农业供给侧结构性改革背景下，这对保障国家粮食安全、保护农民根本利益、缓解当前粮食市场压力、推动农业供给侧结构性改革及农业高质量发展等具有积极的政策意义。

第一，对维持谷物自给水平、保障国家口粮绝对安全具有重要政策意义。实现谷物自给、口粮安全，一靠科技，二靠政策，而科技进步是缓慢长期的过程，因此在短期依靠政策调控特别是价格支持政策，是保障国家粮食安全的关键措施。本书模拟分析价格支持政策调整对粮食安全指标及种粮收益的影响，确定可维持我国谷物基本自给和口粮绝对安全的最低价格支持水平，为政府合理制定价格支持水平提供科学依据，有利于稳定国内粮食价格，确保国家粮食安全。

第二，有利于推进粮食价格形成机制改革。当前国家粮食价格支持水平相对较高，本书主张适度降低国内粮食支持价格，并将价格支持水平维持在保障国内稻谷、小麦口粮安全的水平。通过适当调低粮食价格支持水平，国内粮食价格可以获得一定的波动空间，给市场在粮食价格形成中基础作用的发挥留有余地，可以按照市场定价原则逐步形成优质优价的定价机制，从而能够完善粮食价格形成机制。

第三，合理确定生产者补贴标准，有利于保护农民根本利益。调减或取消价格支持政策，必然会降低农民收入水平，需要配套出台种粮补贴措施。本书通过模拟分析最低收购价下调及玉米临储政策取消后，粮食出售价格、单产水平等变化水平，进而计算种粮收益水平变化，以此确定维持原有收益水平不变的生产者补贴标准，可以弥补生产者因政策调整而带来的收益损失，从而有利于保护农民切身利益。

第四，有利于缓解国内粮食市场压力，减轻财政负担和资源浪费。粮食价格支持政策在促进粮食生产、稳定粮食价格的同时，也导致了粮食库存攀升、进口增加、国内外价差扩大、产销区价格倒挂等问题。通过研究测算出可维持我国口粮安全的价格支持水平，并建议政府将价格支持水平设定在保底水平，可以逐步降低国内粮食价格，减轻市场扭曲，逐步缓解粮食库存和进口压力，减轻过剩粮食仓储资金压力，节约社会成本，进而减轻财政负担和资源浪费。

第五，推动农业供给侧结构性改革，提高农业发展质量和效益。当前我国农业许多问题出现在供给侧，在农业供给侧结构调整中价格支持政策可以发挥良好的导向作用。通过分析当前我国农业供给侧结构性问题，针对问题找到价格支持政策的关键着力点，通过调整和完善价格支持政策，引导要素向农业优势产区、优质产品、优良品种流动，可以优化我国农业区域布局、提高产品质量、提高优质品种比重，实现优质优价，最终能够有效推动农业供给侧结构改革，促进我国农业高质量发展。

本书主要学术价值在于：基于粮食支持政策作用和传递机制，构建了针对价格支持政策评价的局部均衡模型，确立了粮食价格支持政策评价分析的基本思路和框架；研究发现粮食价格支持政策是导致农业生产成本攀升的重要原因，具有重要学术价值及政策含义；研究测算了粮食价格和生产成本对价格支持水平的反应弹性，为后续粮食价格支持政策评价研究提供重要参数依据。

本书以国家宏观决策需求为导向，在充分论证的基础上，从定性和定量双重角度提出优化完善我国当前粮食价格支持政策的具体对策建议，有利于确保国家粮食安全、缓解粮食市场压力以及保障农民根本利益，能为国家宏观决策提供重要参考依据，具有较强的应用价值。

1.6　创新及不足

视角创新：从量化的角度研究政策调整与改革问题，使政策建议更加具体明确，便于落实层面的实际操作，在研究视角上具有一定创新性。

观点创新：基于充分的实证分析，研究提出粮食价格支持政策是导致近年我国粮食生产成本攀升的重要因素的观点，该观点为先前文献所未提及，在学术观点上具有一定创新性。

方法创新：针对粮食价格支持政策分析，基于对当前粮食价格支持政策作用机制，专门构建粮食价格支持政策评价模型，模拟分析价格支持政策调整的综合影响，能够较全面掌握政策调整的影响，在研究方法上具有一定创新性。

　　研究不足：相关实证研究聚焦在全国宏观层面，对各主产区粮食生产的微观考察存在不足，相关研究有待进一步深入开展。

第 2 章 我国粮食价格政策演变历程

　　粮食是重要的农产品，是人们赖以生存的重要食物，关系到国家安全和社会稳定，因此粮食又不同于一般商品，具有较强的社会属性，粮食市场需要政府加以适当的政策干预。粮食价格政策是重要的干预工具，受到世界各国政府普遍青睐。粮食价格政策的主要目标有稳定粮食价格、提高农民收入、保障粮食产能、提高资源使用效率、改善社会整体福利等，各政策目标往往难于统一兼顾，有时相互促进，有时又相互矛盾，各国需根据不同形势背景、具体国情，选择适当的政策目标组合（孔祥智，2014）。新中国成立以来，我国粮食价格政策历经计划和市场两种经济形态，大致可分为市场自由化、统购统销、购销双轨制、保护价收购、最低收购价及临时收储五个阶段。

2.1　市场自由化阶段（1949—1952 年）

　　新中国成立初期，全国百废待兴，经济制度还不完善，粮食市场基本延续以前的市场自由化买卖机制，粮食市场经销主体不仅有国营公司和供销合作社，也有广大私营粮食经销商，市场上也存在两种性质的粮食价格，即市场价和官方牌价，私营粮商主导粮食市场，承载着主要的粮食流通功能。这一阶段，我国市场体系很不完善，囤积居奇、哄抬物价等市场投机行为时有发生，加剧了粮食市场价格波动。1949 年，因粮食产量明显下降，全国粮食市场供应紧张，私营粮商趁机哄抬价格、囤积居奇，造成全国粮食价格普遍大幅上涨。1950 年 3 月，北京市粮食批发价格总指数同比上涨 70 多倍（冷崇总，2009）。面对困难形势，政府采取了一系列措施，通过发布国家粮食牌价、国营企业直接入市收购、委托农村供销社向农民收购粮食等方式，不断加大对商品粮的管控力度，通过适时吞吐调节，加大市场干预，努力将粮食市场价格维持在官方牌价水平。1952 年，政府合并粮食公司和粮食总局，组建粮食部，统一管理全国粮食收购、调拨、运输、仓储、销售等流通事务；通过加强粮食市场管理，积极采取调运粮食、抛售粮食平抑粮价、打击投机活动等一系列政策措施，粮食市场价格渐趋稳定。虽然政府通过官方牌价指导市场价格，并在规范粮食市场交易、加强粮食市场干预等方面作了较多努力，但这一时期粮食市场交易仍然延续前期市场自由化买卖机制，政府对粮食市场价格的干预力度有限。因粮食市场机制很不完善，各项管理措施很不到位，市场投机行为时有发生，加之生产力水平十分有限，粮食产量较低、市场供应能力较弱，粮食价格常出现大幅上涨，全国粮食市场存在较大风险。

2.2　统购统销阶段（1953—1984 年）

新中国成立初期，经过土地改革后，地主阶级被消灭，无地少地农民分得土地，获得自主经营权和粮食享有权，每年不用按一定比例以地租的形式缴纳粮食，这也打破了农村向城市供应商品粮机制，当饥荒来临时，农民普遍不愿出售余粮，导致国有粮食公司粮食收购不足，出现城市粮食供应短缺问题（田锡全，2006）。1953 年，我国遭遇重大自然灾害，全国粮食大面积减产，而全国粮食需求在不断增加，导致全国粮食供应紧张，引发私营粮商抢粮、囤粮现象，全国出现粮食危机，这次自然灾害引发的粮食危机，成为我国建立粮食统购统销制度的导火索（张学兵，2007；田锡全，2007）。为有效解决粮食供求矛盾，稳定粮食价格，1953 年 10 月 16 日，中共中央作出《关于实行粮食的计划收购和计划供应的决议》，决定在农村实行粮食计划收购（统购），在城市实行粮食计划供应（统销）；粮食市场买卖由国家严格控制，禁止私营商贩从事任何粮食经营活动。11 月 23 日，政务院正式颁布《关于实行粮食的计划收购和计划供应的命令》，在全国开始实施粮食计划收购（统购）和计划供应（统销），由各级政府统一负责粮食收购和粮食销售，粮食市场和其他国民经济部门一样，具备了明显的计划经济的时代特征。统购统销制度的主要内容是："生产粮食的农民按国家规定的收购粮种、收购价格和计划收购分配数量将余粮售给国家。农民缴纳公粮和计划收购粮以外的余粮，可以自由储存和自由使用，可以继续售给国家粮食部门或合作社，或在政府设立的粮食市场进行交易，并可在农民间进行少量的互通有无交易。对城市居民和农村缺粮居民实行粮食计划供应，亦即实行适量的粮食定量配售政策，计划供应的价格按照零售牌价执行，如果收购牌价及零售牌价有畸高畸低而且显著突出情况，则按规定的分工和程序，作适当调整。"

统购统销政策确立之初还不完善，中央政府随后不断对政策进行细化调整。1955 年 8 月，国务院发布《农村粮食统购统销暂行办法》，对粮食统购数量作出规定，制定了"三定"（定产、定购、定销）办法，解决了"统购无底、卖粮过头"等农民普遍关心的问题。1957 年，国务院出台《粮食统购统销补充规定》，开始实施以丰补歉，并关闭粮食集市贸易，严格控制粮食销量。1953—1984 年，统购统销政策在我国实施达 32 年之久，在此期间，无论是粮食收购价格还是销售价格均由政府统一制定，虽然有时政府对所定价格作出调整，但始终没有突破政府定价原则，政府定价在粮食价格形成中占据主导地位。政府以计划方式配置粮食资源，统一收购、调拨和销售粮食，对政府掌握粮食资源，统筹全国粮食分配，缓解城乡和区域粮食供求矛盾，保障经济建设等起到重要作用。但是该政策也造成了农业生产和需求的脱节、工业品和农产品"剪刀差"日趋扩大、城乡发展差距越来越明显等问题，严重阻碍了我国农业农村发展，广大农村居民为全国经济建设及工业化进程作出了巨大牺牲。

2.3　购销双轨制阶段（1985—1992 年）

党的十一届三中全会以后，随着家庭联产承包责任制的确立，农民从事粮食生产的积极性得到充分调动，我国农业农村发展进入新的历史阶段。1979—1984 年，全国粮食生产连年丰收，粮食长期的短缺状况得到极大缓解，为我国粮食价格政策改革调整提供了前提和保障。1985 年 1 月 1 日，中共中央发布《关于进一步活跃农村经济的十项政策》，规定"除个别品种外，国家不再向农民下达农产品统购派购任务，按照不同情况，分别实行合同订购和市场收购。取消粮食统购，实行合同订购，由商业部门在播种季节前与农民协商签订定购合同；对定购的粮食，国家按照'倒三七'（即三成按原统购价，七成按原超购价）；定购以外的粮食可以自由入市，如果市场粮价低于原统购价，国家仍按原统购价格敞开收购农民余粮，保护农民利益。"至此，在我国实行长达 32 年之久的粮食统购统销制度正式退出历史舞台，粮食收购方式被合同订购和市场收购所取代，粮食定价进入定购价和议购价（市场价）并存的"双轨制"阶段。1986 年，政府减少合同订购粮食数量，扩大市场议购粮食比重，增加市场调节粮食价格的权重，且农民在签订合同后，可在农资购买、贷款申请等方面享受一定的优惠，以调动农民种粮积极性。随着市场议购价格不断上涨，出现市场价明显高于国家定购价情况，影响了农民完成国家粮食定购任务的积极性，为缩小定购价和市场议购价之间差距，国家先后大幅提高定购价格。

1990 年部分粮食主产区出现农民卖粮难、粮食部门储粮难问题，且1984 年以后全国粮食生产出现徘徊不前现象；为进一步强化粮食流通工作，1990 年 7 月 24 日，国务院下发《关于加强粮食购销工作的决定》，文件指出粮食问题事关国民经济全局，收购农民需要出售的余粮，对调动农民生产积极性、支持农业发展至关重要，务必要抓好粮食收购工作，除完成和超额完成粮食定购任务，还应积极开展议价粮收购工作，对农民愿意出售的新产余粮实行敞开收购；此外，还提出要加强粮食市场价格管理，要求政府业务部门在每年新粮上市前，制定和下达主要粮食品种的议购指导价，各省区市参照国家议购指导价制定本地区议购粮食的最低保护价和最高限价，防止粮价大幅上涨和下跌，维持粮食市场价格基本稳定。此时，收购保护价格作为一项重要干预措施被正式提出。1990 年全国粮食生产形势良好，夏粮产量创历史新高，秋粮丰收在即，9 月 16 日国务院发布《关于建立国家专项粮食储备制度的决定》，强调在完成国家粮食定购任务的同时，要敞开收购议价粮，议价粮收购价格不得低于国家保护价格，保护农民生产积极性，避免"谷贱伤农"；建立国家专项粮食储备制度，储备粮的统购价与结算价之间的差价贷款由中央财政贴息，储备粮必须为当年新粮，不得从库存陈粮中划转。

合同订购具有一定的指令性，是国家下达的征购任务，必须要完成，而合同订购在字面上容易使种粮农民产生误解，认为既然是合同，应本着双方自愿的原则，农民交售订购量的义务观念淡薄，特别是当市场议购价格上涨或粮食歉收时，农民普遍不愿意交售定购粮，这给国家定购工作带来困难。为避免概念模糊，增强农民的国家观念和义务观念，1990 年国务院将"合同定购"改为"国家定购"。由于实行购销双轨制时，统销并没有取消，并且统销价格仍维持在较低水平，此时粮食购销方面，政府强制性低价收购和低价定量供应与一般的市场交易并存。为缓解粮食市场议购价格逐步高于定购价格而带来的投机、倒卖等问题，国家逐步提高定购价格，使定购价格明显高于统销价格，出现价格倒挂现象，造成了巨额财政赤字，财政补贴金额日益扩大。1991 年国家开始提高粮食统销价格（定量供应价格），当年城市统销粮食价格提高 50％；1992 年国家决定在全国范围内提高统销价格，实行"购销同价"政策，当年在定购价格提高 20％的同时，城市统销价格再次提高 50％，到年底全国基本实现了"购销同价"（冷崇总，2009）。

为避免体制转换过程中产生较大的改革风险，政府一方面靠计划调节稳住粮食生产和流通大局，保证粮食市场有序运营；另一方面，依靠市场调节作用，优化资源要素配置，以市场引导粮食生产，缓解粮食供需矛盾。粮食购销双轨制的实质是用合同定购与合同议购替代以往的统购统销，用半计划半市场的方式解决完全计划经济体制导致的产需脱节等问题。然而，合同定购与市场议购毕竟是两种不同的价格形成机制，二者属性不同，内在矛盾和冲突不可避免，当市场粮食供给短缺时，双轨制的内在矛盾便会进一步激化，出现定购任务完成困难、倒卖粮食赚取差价等问题，给双轨制执行带来重重困难。价格双轨制是我国粮食经济体制向市场经济过渡中的一种特殊的价格管理制度。实践证明，粮食购销双轨制相对之前的统购统销制度来说，代表着制度进步，在一定时期内，其积极作用是主要的，为进一步的粮食市场化改革奠定了重要基础。

2.4　保护价收购阶段（1993—2003 年）

1993 年 2 月 15 日，国务院发布《关于加快粮食流通体制改革的通知》，标志着我国新一轮粮食价格政策改革的开始。通知要求在实施国家宏观调控的前提下，逐步放开粮食价格和粮食市场经营活动，进一步将粮食流通体制改革向市场化方向推进；通知强调"粮食价格改革是粮食流通体制改革的核心"，在"统一政策、分散决策、分类指导、逐步推进"的总原则下，逐步推进粮食价格改革并放开粮食价格；通知还指出要保留粮食定购数量，但价格可随行就市，对出售定购粮食的农民给予平议差价补贴，继续激励农民完成国家粮食定购任务；为保护种粮农民利益和防止粮价暴涨，各地在必要时可制定粮食收购保护价和销售最高价，旨在让粮食价格在一定区间内平稳运行；同时，政府还取消对城镇粮食供应管理，至此在我国实施长达近40年的"票证经济"正式落幕。

1993年2月20日，国务院又发布《关于建立粮食收购保护价格制度的通知》，对粮食价格改革作出进一步要求，指出"保护价的制定要以补偿生产成本并有适当利润，优化品种结构，结合国家财政状况为原则"，在国家财力增加时，还应逐步提高粮食保护价格水平，在条件具备时向支持性价格过渡；保护价政策实施范围限于原国家定购粮食和专项储备粮食，即稻谷、小麦、玉米和大豆4种主要粮食品种，地方政府结合当地实际，可适当增加保护价品种；全国主要粮食品种的保护价为基准价，由国务院制定，各省（区、市）根据实际情况，制定本地区收购保护价格，保护价格不得低于全国基准价水平。1993年主要粮食品种的保护价基准价为：北方冬小麦（中等，下同）32.5元/50千克，南方冬小麦31元/50千克，关外玉米21元/50千克，大豆45元/50千克，早籼稻21元/50千克，中籼稻26元/50千克，晚籼稻28元/50千克，北方粳稻35元/50千克，南方粳稻31.5元/50千克，等级差价率仍按原规定执行。为保障粮食收购保护价政策的顺利落实，政府还建立了中央和地方两级粮食风险基金制度。粮食风险基金的运行机制是在粮食市场价格低于保护价时，按保护价收购粮食；当粮食市场价格上涨过快时，低价出售粮食，平抑粮食市场价格，维持粮价平稳，所产生的差价由风险基金补偿。

1993—1996年，政府大幅提高粮食定购价格，1996年粮食平均定购价格上调至67.3元/50千克，比1993年（29元/50千克）提高132.1%，1997年定购价格仍维持在上年高位水平，由于政府要求保护价水平不得低于定购价，因此各地粮食保护价水平也相应得到大幅提升（孙杭生，顾焕章，2002）。受保护价大幅提高影响，我国粮食产量出现快速增长，1998年粮食总产量达到5.12亿吨，较1993年提高12.3%，达到新中国成立以来最高水平。全国出现粮食过剩，粮价下行压力加大，为避免"谷贱伤农"，1997 年 8 月 6 日国务院发布《关于按保护价敞开收购议购粮的通知》，将保护价收购范围扩大至议购粮，要求各地在农业丰收情况下，按照上年定购价格收购定购粮食，收购价格不得降低；在定购粮收购任务完成以后，要按保护价敞开收购议购粮，议购粮收购保护价按定购基准价执行；对质量较差、销路不畅的粮食品种，各省级人民政府可适当下调保护价水平，但下调幅度一般不得超过 5％。通知还明确要求，国有粮食企业对农民余粮要按保护价实行敞开收购，做到不拒收、不限收、不停收、不打白条，并不得代扣各项提留款，确保售粮款及时发放到农民手中。

提高粮食保护价水平，使国内粮食总供给水平得到有力保障，但也带来财政压力不堪重负、品种结构不平衡等问题。为缓解粮食市场压力，1998 年国务院将定购价和保护价制定权限下放至省级政府，由省级政府参照上年水平自行确定定购价格，要求当粮食市场价格高于保护价时，粮食定购价参照市场价格确定；当市场粮食价格低于保护价时，粮食定购价按不低于保护价的原则确定。1998 年全国粮食保护价水平从 1997 年的 63 元/50 千克下降至 59.7 元/50 千克，降幅为 5.2％，每50 千克定购价格小幅降至 66.9 元，较上年减少 0.4 元（孙杭生，顾焕章，2002）。

1999 年，国务院发布《关于进一步完善粮食流通体制改革政策措施的通知》，对粮食收购保护价政策进行了调整，放宽了保护价政策的执行力度：要求各地区在保持粮食定购制度和定购形式的前提下可调整定购粮收购价格，在市场粮食价格较低时，可将定购价调低到保护价水平；大幅降低黑龙江、吉林、辽宁等地春小麦、南方早籼稻、江南地区小麦的保护价水平，2000 年这些地区的粮食品种退出保护价收购范围。当年全国粮食保护价水平降至 58.3 元/50 千克，较 1997 年的 63 元/50千克下降 7.5％（孙杭生，顾焕章，2002）。2001 年国家继续调整保护价收购范围，缩小全国玉米、稻谷保护价收购范围。在缩小保护价收购范围的同时，政府开始注重农业和粮食生产结构的战略性调整，优化粮食品种，提高粮食质量和种粮效益。2001 年 7 月，国务院发布《关于进一步深化粮食流通体制改革的意见》，鼓励粮食主销区加快粮食购销的市场化改革进程，放开粮食收购和市场价格，发挥市场调节机制对粮食价格的决定作用。到 2003 年 6 月，全国放开粮食价格和市场的省份达到 16 个（冷崇总，2009）。

1993 年我国正式实施粮食收购保护价政策，按保护价收购成为国家调控粮食生产和流通的主要手段。粮食收购保护价政策在反复调整中不断完善，1994—1997 年粮食保护价水平得到大幅提高，我国粮食产量也迎来了新中国成立以来的最高水平；政府从 1998 年开始逐步缩小保护价收购范围，并将保护价制定权下放至省级人民政府，粮食价格形成机制逐步向市场化方向改进。然而因后期改革力度较大，粮食价格出现大幅下滑，粮食产量也快速跌到历史低位水平，给我国粮食安全带来重大威胁。整体上，这段时期内粮食收购价格逐步由合同定购价向保护价转变，粮食销售价格由政府定价向市场定价转变。粮食收购保护价政策执行和改革调整，为未来我国粮食价格政策改革积累了宝贵经验和历史教训。

2.5　最低收购价及临时收储阶段

2.5.1　稻谷、小麦最低收购价政策（2004 年至今）

2004 年 5 月 23 日，国务院发布《关于进一步深化粮食流通体制改革的意见》，指出"要充分发挥价格的导向作用，当粮食供求发生重大变化时，为保证市场供应、保护农民利益，必要时可由国务院决定对短缺的重点粮食品种，在粮食主产区实行最低收购价格。"2004 年 7 月 23 日，国家发展和改革委、财政部、农业部、国家粮食局、中国农业发展银行联合下发《2004 年早籼稻最低收购价执行预案》，预案指出在早籼稻上市后，当市场价格低于每斤①0.7元时，由国家粮食局责成中国储备粮管理集团有限公司及地方分公司（以下简称"中储粮公司"）按每斤0.7元的最低收购价，在江西、湖南、湖北、安徽等早籼稻主产区挂牌收购农民新生产的早籼稻，使早籼稻收购价格稳定在最低收购价以上；相邻等级之间差价按每斤0.02元执行。2004年，我国正式开始对主要粮食品种实施最低收购价政策，最初的粮食品种为早籼稻，政策执行地区为江西、湖南、湖北、安徽4省，早籼稻最低收购价为70元/50千克。最低收购价政策的运行机制是，政府每年制定各类粮食品种的最低收购价，并于生产前向社会公布，在新粮收获上市后一段时间内，当粮食市场价格低于政府公布的最低收购价时，政府委托国有粮食收购企业入市以最低收购价购买农民交售的新粮，直至粮食市场价格回升至最低收购价以上水平；当粮食市场价格高于最低收购价时，则不启动政策执行预案，按照市场定价原则由买卖双方自由交易，此时市场在粮食价格形成中起决定性作用。此外，每年的政策执行期以外时间，政府对粮食市场交易也不加干预，由市场机制调节粮食供需。2005年9月，国家发展和改革委牵头下发《2005年中晚稻最低收购价执行预案》，开始对中、晚籼稻和粳稻实行最低收购价政策，政策执行范围覆盖吉林、黑龙江、安徽、江西、湖北、湖南、四川7省，中籼稻和晚籼稻最低收购价均为72元/50千克，粳稻最低收购价为75元/50千克。2006年，我国开始在河北、江苏、安徽、山东、河南、湖北6省执行小麦最低收购价政策，小麦种类分为白小麦、红小麦和混合麦，三类小麦的最低收购价分别为72元/50千克、69元/50千克、69元/50千克。2008年，国家开始上调粮食最低收购价水平，并将中晚稻政策执行范围扩大到辽宁、江苏、河南、广西4省（区），中晚稻政策执行范围扩大到11省（区）；上调后，每50千克早籼稻、中晚籼稻和粳稻最低收购价分别为

---

① 斤为非法定计量单位，1斤＝0.5千克。下同。——编者注

77 元、79 元和 82 元，每 50 千克白小麦、红小麦和混合麦最低收购价分别为 77 元、72 元和 72 元。2009—2014 年，国家逐年提高稻谷、小麦最低收购价水平，其间我国稻谷和小麦产量逐年提高，实现持续恢复性增长。2015 年稻谷和小麦最低收购价维持 2014 年水平不变，每 50 千克早籼稻、中晚籼稻和粳稻最低收购价分别为 135 元、138 元和 155 元，每 50 千克白小麦、红小麦和混合麦最低收购价均为 118 元。随着最低收购价格政策的执行，粮食产量逐年提高，粮食库存不断攀升，国内外粮食价格出现倒挂，2016 年国家开始适当下调稻谷最低收购价水平，2018 年国家开始下调小麦最低收购价水平。

相对于原先的保护价敞开收购，只有当市场粮价低于国家确定的最低收购价时，国家才会在规定的时间内采取市场干预措施，且干预范围限制在主要粮食产区，起到"托市"作用，防止"谷贱伤农"，其市场干预力度要小于保护价政策，市场发挥调节作用的空间相对较大。最低收购价政策对稳定和扩大粮食生产、促进农民收入、保障粮食安全具有重要的战略意义。在此政策背景下，政府全面放开粮食购销市场，各类粮食经营主体均可参与粮食买卖，政府对粮食市场的干预力度相对较小，标志着我国粮食价格形成机制改革迈出重要步伐。

2.5.2 玉米临时收储政策（2008—2015 年）

粮食收储政策主要包括政策性临时储备及竞价销售环节，在新粮食集中上市、粮食市场供给增加时，政府委托国有粮食企业敞开收购农民交售的余粮，避免粮食价格下跌；当粮食集中上市结束以后，市场粮食供给减少、粮价面临上涨压力时，政府竞价抛售粮食，平抑粮价，维持粮食市场价格稳定。2008 年，国家开始在东北地区实行玉米临时收储政策，国标三等玉米临时收储价格为内蒙古自治区和辽宁省 76 元/50 千克、吉林省 75 元/50 千克、黑龙江省 74 元/50 千克，要求中储粮公司对农民愿意交售的新产玉米按照临储价格挂牌敞开收购，要做到不限收、不拒收。收购期限为当年 12 月初至次年 4 月底。政府还要求上海、江苏、浙江等 16 省（区、市）的地方储备粮公司和饲料加工企业参与东北地区新产玉米收购工作，并由中央财政给予 0.035 元/斤的一次性费用补贴。2009 年各地玉米临储价格维持上年水平不变，2010 年政府开始上调玉米临储价格，内蒙古和辽宁的临储价格上调至 91 元/50 千克、吉林上调至 90 元/50 千克、黑龙江上调至 89 元/50 千克。2011 年，政府再次上调临储价格，上调后，内蒙古和辽宁、吉林、黑龙江每 50 千克玉米临储价格分别为 100 元、99 元、98 元；同时，中央财政对中储粮公司按挂牌收购价加收购费用给予贷款利息补贴，玉米收购费用为 5 分/千克，由中储粮公司包干使用，其中拨付指定收储库点的收购费用不得低于 4 分/千克。国家临时存储粮保管费用补贴标准为每年 1 角/千克，由中储粮公司包干使用。2012 年，东北地区玉米收获期推迟，外加雨雪天气频繁、市场需求不旺等因素影响，农民手中仍有部分新产玉米等待出售，为保护种粮农民利益，当年政府将国家临时存储玉米收购政策执行期限由 2013 年 4 月 30 日延长至 2013 年 5 月 31 日；同时政府将当年内蒙古和辽宁、吉林、黑龙江每 50 千克玉米临储价格分别上调至 107 元、106 元、105 元。2013 年内蒙古和辽宁、吉林、黑龙江玉米临储价格分别进一步上调至 113 元/50 千克、112 元/50 千克、111 元/50 千克，极大调动了农民玉米种植积极性，玉米产量大幅上升，各地普遍出现仓容不足问题，当年中央财政对搭建露天储粮设施进行补贴，补贴标准为 117.35 元/吨。2014 年玉米临储价格维持上年水平不变，但政策执行主体发生变化，中粮集团、中纺集团作为中储粮公司重要补充力量，参与东北地区玉米收购。2015 年，玉米库存量攀升、国内外玉米价差扩大等市场扭曲问题日益突出，国家将玉米临储价格下调至 100 元/50 千克，同时中航集团也参与东北地区玉米收购工作。

由于连续提高收储价格，玉米产量、进口量、库存量出现三量齐增，国内外玉米价差进一步扩大，玉米市场调控政策改革的压力越来大。2016 年，政府决定取消玉米临时收储政策，按照"市场定价、价补分离"原则，实行"市场化收购"加"生产者补贴"的新机制。临储政策取消后，玉米价格主要由市场形成，依靠供求关系调节玉米市场，生产者随行就市出售，各类市场主体自主入市收购。同时，政府对玉米生产者给予补贴，保障玉米种植者基本收益。玉米临时收储政策保证了国内市场的基本稳定，有效抵御了自 2008 年世界粮食危机以来国际粮价大幅下滑的冲击，使国内玉米市场价格总体保持上升态势，有力保障了玉米生产者利益，对实现谷物基本自给起到了重要保障作用。但随着玉米临储价格短期大幅提高，玉米库存攀升、价格倒挂等市场扭曲现象日益突出，迫使政府对玉米市场调控政策进行大幅调整，市场调节机制在玉米价格形成中的作用得以充分发挥。

2.6 本章小结

粮食供应问题关系到国家繁荣稳定，粮食价格是调节粮食供求关系的关键环节。新中国成立后我国经历了短暂的粮食市场自由化时期，随后实行了长达 30 余年的粮食统购统销政策，国家对粮食市场实行严格的管控，粮食收购价格和销售价格统一由国家制定。统购统销政策在生产力低下的历史条件下，为保障全国粮食供应和经济建设作出了巨大贡献，但同时也割裂了农业与市场的联系，限制了农业农村发展，造成城乡发展差距日益扩大。1985 年我国粮食市场价格管理体制转向了"双轨制"，一方面通过合同定购，按国家计划价格（平价）实行计划收购和计划供应，另一方面按市场价格（议价）进行议价收购和议价销售；通过计划调节与市场调节相结合，采取"稳住一块、放活一块"的办法降低粮食价格改革风险，使粮食价格体制改革逐步向市场化方向迈进，起到了重要的过渡作用；然而，计划与市场毕竟是两种不同属性的价格形成机制，二者内在矛盾和冲突不可避免，需要适时作出政策调整。

1993 年我国正式确立粮食收购保护价格制度，1994—1996 年国家大幅提高保护价水平，农民种粮积极性得以极大调动，粮食产量得到大幅提高；因供给过剩，市场出现农民"卖粮难"、财政压力大等问题，保护价收购政策面临调整压力，1998 年粮食收购保护水平不断下调，保护价政策执行范围也大幅缩减，由于政策调整力度较大，造成我国粮食产量在短期内出现大幅下滑，口粮品种自给率一度下跌至 85% 以下，给我国粮食安全带来严重挑战。粮食收购保护价政策实施的十余年时间里，我国粮食产量经历了波峰和波谷变化，粮食市场的大起大落不利于我国农业长期稳定发展，保护价政策实践为我国粮食价格形成机制改革积累了深刻的历史教训。2004 年以来，我国粮食生产和流通管理进入新的历史时期，粮食购销市场全面放开，政府鼓励和支持多种所有制形式的经营主体参与粮食购销活动，并针对不同粮食品种执行不同的价格调控政策，对稻谷和小麦实行最低收购价政策，对玉米实行临时收储政策，并积极开展目标价格补贴政策试点。价格政策仅限于主要粮食产区，且每年政策执行时间仅限于新粮集中上市后数月内，当市场价格高于最低收购价或政策执行时间以外，粮食市场交易交由市场调节。相较于以往的价格调控政策，此阶段政府干预的程度相对弱化，市场调节机制发挥较大作用。

　　新中国成立以来，我国粮食市场价格调控政策大体经历了市场自由化、统购统销、购销双轨制、保护价收购、最低收购价及临时收储等政策阶段，虽然政策调整和改革过程曲折反复，但从计划到市场的政策改革方向十分明确。到当前阶段，价格政策改革成效显著，取得了重大体制机制性突破。未来我国粮食价格形成机制改革应分类施策、逐步推进，做到"有保有放"，对于稻谷、小麦等口粮品种要以保障国内供应为前提，任何政策调整和改革尝试都不应触及"口粮绝对安全"的底线。

第 3 章　粮食价格支持政策执行
与粮食市场变化

3.1　粮食价格支持政策执行

3.1.1　粮食价格支持政策

　　20 世纪 90 年代末，我国粮食价格低迷，农民生产积极性受挫，粮食产量持续下降。为扭转粮食产量逐年下滑局面，2004 年开始，政府相继出台粮食价格支持政策，以此来稳定并抬高粮食价格，保护农民生产积极性，实现粮食产量恢复性增长。价格支持政策主要包括稻谷、小麦最低收购价政策和玉米临时收储政策。最低收购价政策的主要内容是，政府每年制定主要粮食品种最低收购价并提前公开发布，在政策执行期间，当粮食市场价格低于最低收购价时，启动政策执行预案，由政府委托国有粮食企业入市收购当年新产粮食，收购价格参照最低收购价标准确定，并对不同等级的粮食实行差价收购；当市场粮食价格逐步回升至当年国家制定的最低收购价水平时，国有粮食企业则退出市场，停止收购农民余粮，由农户和收购商双方按照市场定价的原则进行粮食交易。玉米临时收储政策的主要内容是在新产玉米上市、价格下行时，国家指定收储库点按照当年收储价格挂牌敞开收购新产玉米，以稳定玉米市场价格，保障农民合理收益；在后期市场玉米供应减少、价格面临上涨压力时，国有粮库开始抛售玉米，实行顺价销售，平抑市场价格。临时收储政策实质上是通过调节玉米储备稳定玉米市场价格，当新粮上市、供给增加时，通过收购将农民余粮转为储备，减少市场供应量，维持市场价格水平；当后期市场供应减少时，则抛售玉米储备，增加市场供给，平抑市场价格，最终实现市场价格平稳运行。

3.1.2　粮食价格支持政策执行地区

2004 年，国家首先对稻谷执行最低收购价政策，将稻谷细分为早籼稻和中晚稻（包括中籼稻、晚籼稻和粳稻）两类，分别制定最低的收购价水平。2004—2007 年，早籼稻最低收购价政策执行地区为安徽、江西、湖北和湖南 4 省，四省早籼稻产量约占全国早籼稻总产量的 60%（按 2009 年数据计算，下同）；中晚稻最低收购价政策在吉林、黑龙江、安徽、江西、湖北、湖南和四川 7 省执行，7 省中晚稻产量约占全国中晚稻产量的 57%。2008 年稻谷最低收购价政策执行力度加大，早籼稻最低收购价政策覆盖范围扩大至广西壮族自治区，覆盖地区数量由 4 个变为 5 个，早籼稻产量份额由之前的 60% 增加到 75%，提高 15 个百分点；中晚稻最低收购价政策执行地区新增辽宁、江苏、河南、广西 4 省（区），执行地区数量由 7 个增加到 11 个，稻谷产量份额由 57% 增加至 78%，提高 21 个百分点。

2006 年，国家开始对河北、江苏、安徽、山东、河南、湖北 6 省执行小麦最低收购价政策，政策执行省份的小麦总产量约占全国小麦产量的 77%，自小麦最低收购价政策执行以来，政策执行地区一直保持不变。2008 年，我国开始在东北三省及内蒙古自治区实行玉米临时收储政策，4 省（区）玉米产量约占全国总产量的 53%。随着玉米临时收储政策的实施，玉米国际国内价格出现明显倒挂，玉米产量逐年快速增加，库存压力逐步加大，玉米临储政策难以为继。2016 年国家将东北三省及内蒙古自治区的玉米市场调控政策调整为"市场化收购"加"生产者补贴"的新机制，玉米临时收储政策实施 8 年，至此正式退出历史舞台。虽然玉米临时收储政策已经取消，本书仍将玉米临时收储政策列为研究对象，以期对今后玉米市场政策的制定和完善起到参考作用。

表 3-1　粮食价格支持政策执行情况及变化

单位：百万吨,%

作物	时间	政策执行地区	地区总产量	产量份额
早籼稻	2004—2007 年	安徽、江西、湖北、湖南	19.62	59
	2008 年至今	安徽、江西、湖北、湖南、广西	25.16	75
中晚稻	2004—2007 年	吉林、黑龙江、安徽、江西、湖北、湖南、四川	91.19	57
	2008 年至今	吉林、黑龙江、安徽、江西、湖北、湖南、四川、辽宁、江苏、河南、广西	124.71	78
小麦	2006 年至今	河北、江苏、安徽、山东、河南、湖北	88.46	77
玉米	2008—2015 年	辽宁、吉林、黑龙江、内蒙古	60.35	53

注：地区产量及份额为 2009 年数据，产量份额指政策执行地区粮食品种产量占全国总产量的比重。

数据来源：《中国农业年鉴 2010》。

3.1.3　粮食价格支持水平发布

一年中粮食价格支持政策的执行时间并非全年，而是集中在新粮收获后一段时间内。因地区间粮食收获时间不同，各地政策执行时间也各有差异，不同年份间政策执行时间也略有不同。早籼稻主要在我国南方地区种植，收获时间较早，政策的执行时间一般为当年 7 月中旬至 9 月底（2015 年政策执行时间，下同）；中晚稻种植分布地区较广，南方及华北地区的政策执行时间为 9 月中旬至次年 1 月底，而在东北地区的执行时间为当年 10 月中旬至次年 2 月末，一般较南方中晚稻产区晚 1 个月左右。小麦最低收购价政策覆盖的地区主要集中在华北及长江中下游地区，执行地区小麦收获时间较接近，政策执行时间统一为当年 5 月下旬至 9 月底。玉米临时收储政策执行地区为东北三省及内蒙古自治区，政策执行时间统一为当年 11 月初至次年 4 月末。通常当年粮食支持价格在政策执行前数月发布，以便引导农民提早安排生产，以 2015 年为例，稻谷最低收购价于当年 2 月初由国家发展和改革委公开发布；小麦最低收购价于 2014 年 10 月中旬发布；玉米临时收储价格于当年 9 月中旬发布。支持价格的提前发布有利于市场形成价格预期，引导农民开展粮食生产，强化价格支持政策的执行效果。国家年度价格支持水平的发布时间能对粮食市场价格产生明显影响（朱喜安，李良，2016）。

表 3-2　各地区粮食价格支持政策执行时间（2015 年）

作物	政策执行地区	执行时间	发布时间
早籼稻	安徽、江西、湖北、湖南、广西	7 月 16 日—9 月 30 日	2 月
中晚籼稻	四川、江苏、河南、广西、安徽、江西、湖北、湖南	9 月 16 日—1 月 31 日（次年）	2 月
	辽宁、吉林、黑龙江	10 月 10 日—2 月末（次年）	2 月
小麦	河北、江苏、安徽、山东、河南、湖北	5 月 21 日—9 月 30 日	10 月（上年）
玉米	辽宁、吉林、黑龙江、内蒙古	11 月 1 日—4 月 30 日（次年）	9 月

　　注：不同年份的政策执行时间略有差异，本表为 2015 年各地区政策执行时间；发布时间为国家发展和改革委发布当年最低收购价格、临时收储价格的时间。

　　数据来源：国家发展和改革委员会。

3.1.4　粮食价格支持水平变化

（1）稻谷最低收购价变化

　　稻谷最低收购价政策中，稻谷分为早籼稻、中籼稻、晚籼稻和粳稻 4 类，品种间最低收购价水平存在差异，早籼稻最低，中晚籼稻次之，粳稻最高。政策执行时，早籼稻、中晚籼稻和粳稻的最低收购价分别为 70 元/50 千克、72 元/50 千克和 75 元/50 千克，每 50 千克籼稻平均最低收购价为 71.3 元，低于粳稻价格约 3.7 元，稻谷平均最低收购价在 73.2 元/50 千克左右；2004—2007 年，稻谷最低收购价保持不变。

2008 年为贯彻落实《中共中央国务院关于切实加强农业基础建设进一步促进农业发展农民增收的若干意见》文件精神，政府加大对粮食生产的支持力度，开始逐步上调粮食最低收购价水平。2008 年各稻谷品种每 50 千克最低收购价上调 7 元，早籼稻、中晚籼稻和粳稻最低收购价分别提高至 77 元/50 千克、79 元/50 千克、82 元/50 千克，较 2007 年上调幅度分别为 10％、9.7％、9.3％；价格上调后，籼稻平均最低收购价达到 78.3 元/50 千克，稻谷平均最低收购价达到 80.2 元/50 千克。2009 年为贯彻落实党的十七届三中全会精神，政府进一步加大对种粮农民的支持力度，再次大幅提高稻谷最低收购价，各类稻谷每 50 千克最低收购价均上调 13 元，早籼稻上调至 90 元/50 千克，上调 16.9％；中晚籼稻上调至 92 元/50 千克，上调 16.5％；粳稻上调至 95 元/50 千克，上调 15.9％；上调后，籼稻平均最低收购价达到 91.3 元/50 千克，稻谷平均最低收购价达到 93.2 元/50 千克。2011 年为进一步落实中央经济工作会议精神，国家再次大幅提高稻谷最低收购价水平，综合考虑农业结构调整，本次对不同稻谷品种实现差别化调价，每 50 千克早籼稻、中晚籼稻、粳稻最低收购价分别比 2010 年提高 9 元、10 元、23 元，上调后三类稻谷最低收购价分别达到 102 元/50 千克、107 元/50 千克、128 元/50 千克，较上年上调幅度分别为 9.7％、10.3％、21.9％，其中粳稻最低收购价上调幅度最大，达到 20％以上。2012 年、2013 年，政府又连续 2 年大幅提高稻谷最低收购价水平，2012 年早籼稻、中晚籼稻、粳稻每 50 千克最低收购价较上年分别提高 18 元、18 元、12 元；2013 年上调幅度分别为 12 元、10 元、10 元；2014 年政府继续提高稻谷最低收购价水平，但提高幅度明显降低，每 50 千克早籼稻和中晚籼稻最低收购价均较上年提高 3 元，每 50 千克粳稻最低收购价较上年提高 5 元，上调后早籼稻、中晚籼稻、粳稻最低收购价分别达到 135 元/50 千克、138 元/50 千克、155 元/50 千克，比 2007 年最低收购价水平分别高出 65 元/50 千克、66 元/50 千克、80 元/50 千克，累积上调幅度分别达到 92.9％、91.7％、106.7％（表 3-3）。

表 3-3　历年稻谷最低收购价水平

单位：元/50 千克

年份	早籼稻	中籼稻	晚籼稻	籼稻平均	粳稻	稻谷平均
2004	70.0	72.0	72.0	71.3	75	73.2
2005	70.0	72.0	72.0	71.3	75	73.2
2006	70.0	72.0	72.0	71.3	75	73.2
2007	70.0	72.0	72.0	71.3	75	73.2
2008	77.0	79.0	79.0	78.3	82	80.2
2009	90.0	92.0	92.0	91.3	95	93.2
2010	93.0	97.0	97.0	95.7	105	100.3
2011	102.0	107.0	107.0	105.3	128	116.7
2012	120.0	125.0	125.0	123.3	140	131.7
2013	132.0	135.0	135.0	134.0	150	142.0
2014	135.0	138.0	138.0	137.0	155	146.0
2015	135.0	138.0	138.0	137.0	155	146.0
2016	133.0	138.0	138.0	137.0	155	146.0
2017	130.0	136.0	136.0	134.0	150	142.0
2018	120.0	126.0	126.0	124.0	130	127.0

数据来源：国家发展和改革委员会。

　　受连续提高粮食价格支持水平影响，我国粮食产量明显增加，国内粮食价格逐渐高于国际粮食价格，国内外价差逐步扩大，粮食进口明显增加，粮食库存量持续攀升。面对粮食市场压力，2015 年稻谷最低收购价水平维持 2014 年水平，2016 年稻谷最低收购价开始出现松动，早籼稻最低收购价由 2015 年的 135 元/50 千克小幅下调至 133 元/50 千克，早籼稻成为最早下调价格支持水平的粮食品种。综合考虑市场平衡、产业发展等各方面因素，2017 年国家全面下调稻谷最低收购价水平，早籼稻、中晚籼稻和粳稻最低收购价分别下调至 130 元/50 千克、136 元/50 千克和 150 元/50 千克，每 50 千克最低收购价分别比 2016 年下调 3 元、2 元和 5 元，下调幅度分别为 2.3％、1.5％和 3.2％；2018

年稻谷最低收购价下调幅度加大，早籼稻、中晚籼稻和粳稻的最低收购价分别下调至120元/50千克、126元/50千克和130元/50千克，每50千克最低收购价分别比2017年下调10元、10元和20元，下调幅度分别达7.7%、7.4%和13.3%。

（2）小麦最低收购价变化

小麦最低收购价政策于2006年开始执行，小麦品种分为白小麦、红小麦、混合麦，2006年三种小麦最低收购价分别为每50千克72元、69元、69元，2007年各类小麦最低收购价水平维持2006年水平不变。2008年，为贯彻落实中央1号文件精神，国家开始提高小麦最低收购价水平，白小麦、红小麦、混合麦最低收购价分别上调至每50千克77元、72元和72元，上调幅度分别为6.9%、4.4%和4.4%；2009年政府加大对种粮农民的支持力度，再次大幅上调小麦最低收购价，三类小麦最低收购价分别上调至87元/50千克、83元/50千克、83元/50千克，每50千克价格分别比2008年提高10元、11元、11元，提高幅度分别为13.0%、15.3%、15.3%；2010年小麦最低收购价上调幅度相对较小，上调幅度在3%左右；2011—2013年，小麦最低收购价的上调幅度均较大，2011年三类小麦最低收购价分别提高到95元/50千克、93元/50千克和93元/50千克，较2010年分别提高5.6%、8.1%和8.1%；2012年政府取消不同小麦种类最低收购价差异，执行统一最低收购价水平，最低收购价上调至102元/50千克，较2011年平均水平提高8.9%；2013年小麦最低收购价进一步大幅上调至112元/50千克，较2012年提高9.8%，上调幅度仅次于2009年；2014年国家再次上调小麦最低收购价，上调幅度为5.4%，上调后达到118元/50千克，至此小麦支持价格达到历史最高水平，较2006年初始小麦平均价格支持水平提高了68.6%，每50千克价格净提高48元；2015—2017年，小麦最低收购价水平保持2014年最高水平不变；2018年考虑生产成本、市场供求、国内外价差等综合因素，国家开始首次下调小麦最低收购价，将小麦最低收购价由原来的 118 元/50 千克下调至 115 元/50 千克，下调 2.5%（表 3-4）。

表 3-4　历年小麦最低收购价

单位：元/50 千克

年份	白小麦	红小麦	混合麦	小麦平均
2006	72.0	69.0	69.0	70.0
2007	72.0	69.0	69.0	70.0
2008	77.0	72.0	72.0	73.7
2009	87.0	83.0	83.0	84.3
2010	90.0	86.0	86.0	87.3
2011	95.0	93.0	93.0	93.7
2012	102.0	102.0	102.0	102.0
2013	112.0	112.0	112.0	112.0
2014	118.0	118.0	118.0	118.0
2015	118.0	118.0	118.0	118.0
2016	118.0	118.0	118.0	118.0
2017	118.0	118.0	118.0	118.0
2018	115.0	115.0	115.0	115.0

数据来源：国家发展和改革委员会。

(3) 玉米临时收储价格变化

2008 年我国在黑龙江、吉林、辽宁、内蒙古 4 省（区）实行玉米临时收储政策，当年四省（区）临时收储价格分别为 74 元/50 千克、75 元/50 千克、76 元/50 千克和 76 元/50 千克，平均收储价格约为 75.3 元/50 千克，2009 年各地临时收储价格维持 2008 年水平不变。2010 年各地每 50 千克玉米临时收储价格上调 15 元，平均收储价格达到 90.3 元/50 千克，较 2009 年提高约 20%。2011—2013 年，国家逐年上调玉米临时收储价格，各年玉米临时收储价格分别上调 9 元、7 元和 6 元，上调幅度分别为 10%、7.1% 和 5.6%，各年玉米平均收储价格分别达到 99.3 元/50 千克、106.3 元/50 千克、112.3 元/50 千克。

2013 年玉米临时收储价格达到最高水平，平均价格较 2008 年提高近 50%。2014 年玉米临储价格维持在 2013 年历史高位水平，2015 年政府将东北各省及内蒙古自治区玉米临储价格统一下调至 100 元/50 千克水平，较 2014 年平均水平降低 11.0%（表 3-5）。2016 年政府对玉米市场调控政策进行改革，取消了执行 8 年的玉米临时收储政策，将玉米支持政策调整为"市场化收购"加"生产者补贴"新机制。

表 3-5　历年玉米临时收储价格变化

单位：元/50 千克

年份	黑龙江	吉林	辽宁	内蒙古	平均
2008	74.0	75.0	76.0	76.C	75.3
2009	74.0	75.0	76.0	76.0	75.3
2010	89.0	90.0	91.0	91.0	90.3
2011	98.0	99.0	100.0	100.0	99.3
2012	105.0	106.0	107.0	107.0	106.3
2013	111.0	112.0	113.0	113.0	112.3
2014	111.0	112.0	113.0	113.0	112.3
2015	100.0	100.0	100.0	100.0	100.0

数据来源：国家发展和改革委员会。

3.2　价格支持政策执行后的粮食市场变化

随着粮食价格支持政策的持续实施，我国粮食产量得到稳步提升，自给状况明显改善，但同时也出现了一些新问题，突出表现为国内外粮食价差扩大、生产成本提高、粮食库存攀升、粮食进口增加等问题，给粮食价格支持政策执行带来较大压力。

3.2.1　国内外粮食价差扩大

（1）国内外大米价格变化

2000—2003 年，我国大米价格相对平稳，国内大米批发价格维持

在 90 元/50 千克水平；同期，国际大米价格先小幅下跌，由 2000 年的
84.3 元/50 千克（按当年汇率折算为人民币价格，下同）下降至 2001
年的 71.5 元/50 千克，后逐步回升至 2003 年的 82.5 元/50 千克。稻谷
最低收购价政策实施前（2000—2003 年），国内大米批发价格略高于国
际大米价格，每 50 千克大米国内外差价在 10 元左右。2004 年稻谷最
低收购价政策开始实施，国内大米批发价格大幅上涨至 131.1 元/50 千
克，较 2003 年提高 42%；2004—2010 年，国内大米价格经历了一个平
稳上涨期，年均上涨幅度约为 4.1%，2010 年大米批发价格达到 167.2
元/50 千克，较 2004 年提高 27.5%。2004 年国际大米价格上涨至
101.7 元/50 千克，较 2003 年提高 23.2%，此后连续 3 年上涨，在
2007 年达到 126.4 元/50 千克水平。2004—2007 年，国内大米平均价
格为 136.7 元/50 千克，国际大米均价在 116.7 元/50 千克，该期间每
50 千克国内大米价格高于国际价格约 20 元，内外大米价差较上一时期
（2000—2003 年）有所扩大（图 3-1）。

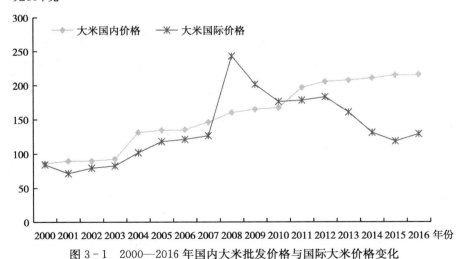

图 3-1　2000—2016 年国内大米批发价格与国际大米价格变化

注：大米国际价格为泰国曼谷 FOB 价格（5%），按当年汇率折算为人民币价格。

数据来源：《中国农业发展报告》；国际货币基金组织（IMF）。

2008 年国际市场出现粮食危机，国际大米价格快速攀升，当年涨至 243.1 元/50 千克，较 2007 年上涨 92.4％；2009—2010 年，国际大米价格又连续两年大幅回落，2010 年降至 176.2 元/50 千克；2008—2010 年，受国际粮食危机影响，大米国际价格高于国内价格。2011 年国内大米价格大幅上涨至 196.9 元/50 千克，较 2010 年提高 17.8％，当年国际大米价格为 178.2 元/50 千克，国内大米价格再次高于国际价格，每 50 千克价差约为 18.7 元；2012 年国内大米价格跃上新台阶，突破 200 元/50 千克，达到 205.5 元/50 千克，国际价格为 183.1 元/50 千克，国内外价差为 22.4 元/50 千克。2013 年以后，国内大米价格相对较平稳，2016 年达到 216.1 元/50 千克，较 2013 年仅上涨 4.1％。2013 年国际大米价格则出现大幅下跌，跌至 160.7 元/50 千克，较 2012 年下降 12.3％，国内外价差扩大到 47 元/50 千克；2014 年国际大米价格降至 131.0 元/50 千克，较 2013 年下跌 18.5％，国内外价差扩大至 79.8 元/50 千克；2015 年国际大米价格再次下跌，降至 118.4 元/50 千克，回落到 2005 年价格水平，国内外大米价差进一步扩大至 96.9 元/50 千克；2016 年国际大米价格小幅上升至 129 元/50 千克，国内外价差缩小至 87.2 元/50 千克（图 3-1）。根据分析可知，国内外大米价差形成的主要原因是国际大米价格大幅下跌，并非由粮食价格支持政策的执行引起。

（2）国内外小麦价格变化

2002—2005 年，小麦国际价格较平稳，每 50 千克价格基本维持在 54 元左右（按当年汇率折算为人民币价格，下同）；2002 年前后国内小麦批发价格保持在 53 元/50 千克左右，略低于国际小麦价格。2004 年受稻米价格上升影响，国内小麦价格也出现明显上涨，当年价格跃升至 72.5 元/50 千克，2005 年小麦价格基本与上年持平。2004—2005 年国内小麦价格开始明显高于国际小麦价格，内外每 50 千克价差在 18.5 元左右。2006 年小麦最低收购价政策开始实施，2006—2011 年国内小麦价格快速上涨，年均增长速度约 9.4%，2011 年价格达到 104 元/50 千克，较 2006 年提高 46.5%。2006—2008 年小麦国际价格连续 3 年快速上涨，从 2005 年的 53.2 元/50 千克涨至 2008 年的 99.6 元/50 千克，涨幅达到 87.3%；2009 年国际小麦价格大幅下滑，跌至 64.9 元/50 千克。在内外价差方面，2006 年小麦国际价格与国内价格持平，2007—2008 年小麦国际价格高于国内价格，2009 年以后小麦国际价格又低于我国国内价格水平，2009—2010 年每 50 千克国际小麦价格分别较国内价格低 25.7 元和 35.8 元，2011 年小麦国际价格大幅上涨 37.3%，达到 90.4 元/50 千克，内外价差缩小至 13.5 元/50 千克（图 3-2）。分析可知，2011 年以前小麦国内外价格差异并不大。

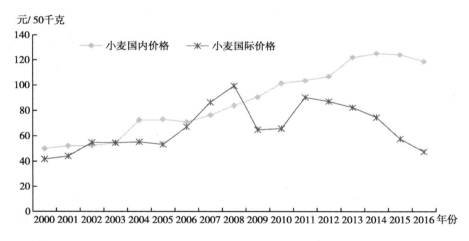

图 3-2　2000—2016 年国内小麦批发价格与国际小麦价格变化

注：小麦国际价格为美国海湾价格，按当年汇率折算为人民币价格。

数据来源：《中国农业发展报告》；国际货币基金组织（IMF）。

　　2012 年国内小麦价格涨至 107.0 元/50 千克，较上年小幅上涨 3%，2013 年大幅上涨 14.1%，涨至 122.1 元/50 千克，首次越过 120 元/50 千克关口，2014 年国内小麦价格涨至历史高点 125.5 元/50 千克，2015 年国内小麦价格开始出现小幅下降，2016 年下降幅度加大，降至 119.2 元/50 千克，较 2015 年下降 4.4%。总体上，2012—2016 年国内小麦价格先升后降，2016 年价格水平较 2012 年提高 11.4%，4 年间价格上涨幅度不大。2012—2016 年，国际小麦价格则大幅下跌，2014 年较 2013 年下降 9.5%，2015 年较上年跌幅高达 22.4%，2016 年跌幅达到 17.7%。4 年间国际小麦价格由 2012 年的 87.2 元/50 千克下降至 2016 年的 47.5 元/50 千克，下降 45.4%。因国际小麦价格大幅下跌，导致国内外小麦价差明显扩大，2012 年价差约为 20 元，2013 年扩大到 40 元，价差扩大 1 倍，2014—2016 年国内外小麦价差分别扩大至 51 元、66.9 元、71.6 元。2012—2016 年，我国国内小麦价格总体上涨幅度较小，而国际小麦价格大幅下跌，造成国内外小麦价差不断扩大。

（3）国内外粮食价差原因分析

近年国内粮价明显高于国际市场价格，且部分粮食品种内外价差存在进一步扩大趋势，对此要予以客观分析。从国内外粮食价格波动分析可知，2008 年前后国际粮食市场很不稳定，粮食价格经历了大起大落，国内外粮食价差的形成和扩大主要出现在 2012 年以后，价差形成并扩大的主要原因在于国际市场粮食价格的大幅下滑（美元贬值、能源价格下跌），而非主要由国内粮食价格上涨所致。以 2012—2016 年为例，该期间国内外市场每 50 千克大米价差由 22.4 元扩大到 87.2 元，价差增加 64.8 元；在总价差中，因国内大米价格上涨形成的价差为 10.6 元/50 千克，占扩大价差的 16.4%，由国际大米价格下跌引起的价差为 54.2 元/50 千克，占扩大价差 83.6%，国际价格下跌因素的贡献远高于国内大米价格上涨。同期，小麦国内外价差由 20 元/50 千克扩大至 71.6 元/50 千克，价差净扩大 51.6 元；其中国内小麦价格上涨因素只占 23.5%，国际小麦价格下跌因素占 76.5%，国际小麦价格大幅下跌也是国内外小麦价差形成并扩大的主要原因。

由以上分析可知，粮食价格支持政策的实施并不是导致国内外粮食价差扩大的主要原因，相反正是由于价格支持政策的存在，才避免了国内粮食价格出现大幅波动，对我国粮食产业发展、农民切身利益形成了有效保护。当前国际粮价大幅下跌和美元贬值、能源价格下跌、运输成本降低等因素有关，国际粮价下行空间有限，预计不久将触底反弹，届时国内外粮食价差问题将得到有效缓解。

3.2.2　粮食生产成本上升

2000—2003 年，我国稻谷生产成本相对稳定，每亩生产成本仅从351.7 元/亩增加到 360.1 元/亩，3 年间每亩成本只提高 8.4 元，增幅只有 2.4%；2004 年稻谷最低收购价政策出台，当年稻谷每亩生产成本出现明显增加，增加到 397.7 元/亩，较 2003 年提高 37.6 元，增幅达10.4%；2004—2007 年，稻谷每亩生产成本以每年 5.3% 的速度保持稳定上涨，到 2007 年达到每亩 470.3 元水平，每亩成本较 2004 年净增加72.6 元，累积提高 18.3%；2008 年，为落实中央促进农民增产增收的有关文件精神，政府开始提高稻谷最低收购价水平，当年稻谷生产成本出现大幅攀升，突破 500 元/亩关口，上涨到 556.1 元/亩，较 2007 年涨幅高达 18.2%；2011—2013 年，随着政府大幅提高稻谷价格支持水平，稻谷成本也出现快速攀升，2013 年达到 957.8 元/亩，比 2008 年高出 72.2%，累积净增加 401.7 元；2014 年以后，随着稻谷支持水平趋于平稳及下调，生产成本的快速上涨势头得到有效遏制，但仍维持在980 元/亩高位水平（图 3-3）。

2000—2003 年，我国小麦生产成本大致呈递减趋势，从 2000 年的312.1 元/亩下降到 2003 年的 288.0 元/亩；2004 年受最低收购价政策出台影响，农资价格水平明显上升，小麦生产成本也出现明显上涨，当年生产成本再次回到 300 元/亩以上，达到 312.1 元/亩，较 2003 年提高 8.4%，与 2000 年小麦生产成本基本持平；2004—2007 年，小麦生产成本保持年均 5.8% 的速度平稳上涨，2007 年涨至 369.7 元/亩，较2004 年增加 18.5%；2008 年政府加大对小麦生产的支持力度，大幅提

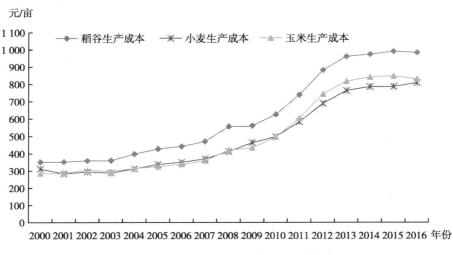

图 3 - 3　2000—2016 年粮食生产成本变化
数据来源：历年《全国农产品成本收益资料汇编》。

高小麦最低收购价水平，小麦生产成本也出现大幅增加，达到 411.9 元/亩，突破 400 元/亩的关口，较 2007 年提高 11.4%；2008—2013 年，随着小麦价格支持力度的不断加大，小麦生产成本继续保持快速攀升，年均增长率达到 13.1%，2013 年上涨至 760.9 元/亩，较 2008 年上涨 84.7%；2014 年以后，随着价格支持水平的趋稳，小麦生产成本快速上涨势头得到遏制，但仍维持在高位水平并保持小幅增长，并于 2016 年突破 800 元/亩关口，达到 805.6 元/亩（图 3 - 3）。

　　玉米生产成本也表现出与稻谷、小麦生产成本相同的变化特征。2000—2003 年玉米生产成本在 300 元/亩左右，2004 年涨至 314.3 元/亩，2007 年涨至 358.5 元/亩，比 2003 年提高 20.4%；2008 年玉米临时收储政策开始实施，玉米生产成本大幅增加，首次突破 400 元/亩关口，达到 420.3 元/亩，较 2007 年上涨 17.2%；2009 年玉米生产成本小幅涨至 433.7 元/亩。2010—2013 年，随着玉米临时收储价格的逐年大幅提高，玉米生产成本进入快速攀升期，年均增长率高达 17.1%，2010 年玉米每亩生产成本接近 500 元，2011 年突破 600 元，2012 年大幅涨至 743 元，2013 年到达 815.1 元，较 2009 年累积上升 87.9%。
2014 年、2015 年玉米生产成本增速放缓，每亩成本在 840 元左右。
2016 年国家取消玉米临时收储政策，当年玉米生产成本开始下降，降
至 827.7 元/亩，比 2015 年下降 2%，玉米生产成本出现自 2003 年以来
的首次下降（图 3-3）。

　　粮食价格支持政策出台后，我国粮食生产成本出现显著上升，特别
是在政策出台、加大价格支持力度等关键节点，三类粮食作物生产成本
涨幅更为明显。总体上，2016 年稻谷、小麦和玉米的生产成本分别达
到 979.9 元/亩、805.6 元/亩和 827.7 元/亩，分别是政策执行前 2003
年成本水平的 2.8 倍、2.6 倍和 2.9 倍。粮食价格支持政策实施后，粮
食生产成本出现大幅攀升，粮食价格支持政策和生产成本之间的关系将
在第 5 章中详细论述。

3.2.3　粮食产量增加

　　20 世纪 90 年代末，受粮食价格低迷影响，我国稻谷产量持续大幅
下滑。2000 年我国稻谷产量为 1.88 亿吨，2003 年降至历史低位 1.61
亿吨，较 2000 年减少 0.27 亿吨，降幅达 14.4%；2004 年随着稻谷最
低收购价政策出台，农民生产积极性得到调动，我国稻谷产量出现明显
增加，当年产量达到 1.79 亿吨，较上年净增加 0.18 亿吨，增加幅度达
11.2%；2008 年政府上调最低收购价水平，当年稻谷产量达到 1.93 亿
吨，此后随着稻谷最低收购价水平的不断提高，稻谷产量整体也在逐步
增加，2011 年突破 2 亿吨水平，达到 2.03 亿吨，2015 年达到 2.12 亿
吨规模，较 2003 年产量提高 31.7%；2016 年国家下调早籼稻最低收购
价水平，每 50 千克早籼稻最低收购价下调 3 元，同年稻谷产量小幅降
至 2.11 亿吨，降幅约 0.5%（图 3-4）。

　　2000 年我国小麦产量为 9 963.6 万吨，2003 年跌破 9 000 万吨，降
至 8 648.8 万吨，触及小麦产量历史低位水平，较 2000 年减少 13.2%。

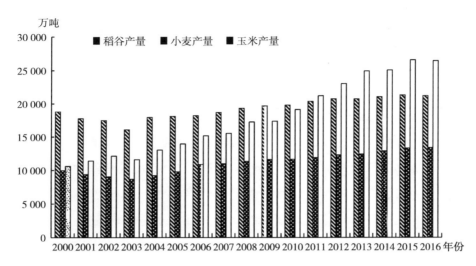

图 3-4 2000—2016 年我国三大主粮产量变化

数据来源：国家统计局。

2004 年小麦产量开始回升，当年升至 9 195.2 万吨，重返 9 000 万吨水平，较 2003 年提高 6.3％；2005 年小麦产量进一步增加至 9 744.5 万吨，较 2004 年提高 6％；2006 年国家开始对小麦执行最低收购价政策，当年小麦产量大幅增加到 1.08 亿吨，较上年涨幅高达 11.3％，总量突破 1 亿吨规模；2008 年国家开始上调小麦最低收购价水平，同年小麦产量提高到 1.13 亿吨，较上年上涨 3.1％；随着小麦最低收购价水平的逐步提高，小麦产量水平不断提升，2012 年突破 1.2 亿吨关口，2015 年迈上 1.3 亿吨台阶；2016 年全国小麦产量达到 1.33 亿吨，较 2003 年历史低位水平累积提高 54.1％（图 3-4）。

2000 年我国玉米产量为 1.06 亿吨，略高于小麦产量，远低于稻谷产量。2001 年、2002 年玉米产量分别突破 1.1 亿吨和 1.2 亿吨；2003 年受价格大幅下跌影响，玉米产量下降至 1.16 亿吨水平，较上年减少 547 万吨，降幅为 4.5％；2004—2007 年，玉米产量再次步入上升通道，年均增长率达到 7.6％，2007 年产量达到 1.55 亿吨水平。2008 年玉米临时收储政策开始实施，玉米生产得到进一步刺激，当年产量提高到 1.72 亿吨,较上年增加约 1 700 万吨,增幅达到 11%,2009 年产量又小幅升至 1.73 亿吨。2010—2013 年政府连续 4 年提高玉米临储价格,玉米产量迅速增加,2010 年产量达到 1.91 亿吨,较 2009 年玉米产量增加 10.1%,产量接近当年全国稻谷产量水平;2011 年玉米产量跃升到 2.11 亿吨水平,迈上 2 亿吨台阶并首次超过稻谷产量,成为我国产量最大的农作物;2012 年、2013 年玉米产量快速上升的势头并未止步,两年产量较上年增幅分别达到 8.6% 和 8.2%,2014 年产量小幅增至近 2.5 亿吨水平。2015 年国家将玉米临储价格下调至 100 元/50 千克水平,当年玉米产量并未减少,而是又进一步迈升至 2.65 亿吨水平,较上年增加 6%。2016 年玉米临时收储政策取消,玉米产量小幅降至 2.64 亿吨,较 2015 年下降 0.52%(图 3-4)。

粮食价格支持政策出台后,我国稻谷、小麦产量下降趋势迅速得到遏制,随着价格支持水平的不断提高,粮食产量开始逐步恢复性增长;2016 年,稻谷和小麦产量分别比政策制定前提高 31.4% 和 54.1%。从玉米临时收储政策出台前到 2015 年,玉米产量增加了 71%。粮食价格支持政策对巩固提高我国粮食产量发挥了重要作用。

3.2.4 粮食库存增加

2000—2003 年,受稻谷产量下降影响,我国稻米库存量逐年快速下滑,从起初的 9 050 万吨下降至 5 050 万吨,3 年内稻米库存量减少 44.2%。2004 年稻谷最低收购价政策开始实施,2004—2007 年稻米库存量大幅下降趋势得以改善,下降幅度明显放缓,2007 年稻米库存降至 4 490 万吨水平,较 2003 年减少 560 万吨。2008 年稻米库存开始增加,当年达到 4 870 万吨,较上年提高 8.5%;2008 年以后稻米库存逐年快速递增,2011 年突破 6 000 万吨,达到 6 370 万吨;2012 年突破 7 000 万吨,达到 7 270 万吨;2013 年接近 8 000 万吨关口,到达 7 930 万吨;2015 年突破 9 000 万吨,达到 9 380 万吨;2016 年稻米库存量达到 9 880 万吨规模，是 2007 年库存水平的 2.2 倍（图 3-5）。

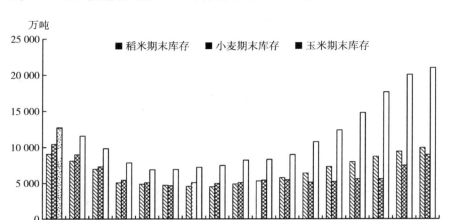

图 3-5　2000—2016 年我国三大主粮期末库存量变化
数据来源：联合国粮食及农业组织（FAO）。

2000 年我国小麦库存水平较高，超过 1 亿吨，此后逐年下降，2005 年降至历史低位 4 638.1 万吨，较 2000 年库存水平减少一半以上；2006 年随着小麦最低收购价政策的实施，小麦期末库存量开始上升，并突破 5 000 万吨关口，达到 5 071.6 万吨水平，较上年提高 9.3%；2007 年小麦期末库存量出现小幅下降，降至 4 947.9 万吨，比上年减少 123.7 万吨；2008—2010 年连续 3 年保持增加，年均增长率为 2.5%，2010 年达到 5 435.3 万吨；2011—2012 年，期末库存量降至 5 000 万～5 200 万吨水平；2013—2014 年，恢复到 5 500 万吨以上水平；2015 年小麦期末库存量大幅上升，突破 7 000 万吨，达到 7 424.4 万吨，较上年增加 34.1%，净增加量达 1 887.4 万吨；2016 年小麦库存量继续攀升，增加到 8 934.1 万吨，接近 9 000 万吨水平，较 2015 年增加 1 509.8 万吨，增幅为 20.3%，当年小麦期末库存量基本恢复到 21 世纪初水平（图 3-5）。

2000—2004 年，我国玉米库存量逐年下降，从 1.27 亿吨下降至 6 830 万吨，减少 46%。2005 年随着玉米产量逐步提高，玉米期末库存量开始逐年提高，到 2010 年达到 8 968 万吨水平，年均增长率为 4.6%。2011 年开始玉米库存量增加幅度明显加快，年均增加速度高达 15.2%，2011 年突破 1 亿吨关口，达到 1.07 亿吨，较 2010 年增加 19.8%，2015 年突破 2 亿吨关口，2016 年达到 2.09 亿吨规模。玉米库存量远高于稻谷和小麦库存水平，带来巨大的库容和仓储资金压力，迫使政府在 2016 年取消玉米临时收储政策，对玉米调控政策作出重大调整（图 3-5）。

随着价格支持政策的执行，近年我国三大主粮库存量均出现大幅攀升，其中玉米期末库存量最高，引起政府高度重视。粮食库存快速攀升的主要原因在于粮食产品结构失衡，能满足市场消费需求的优质粮食产品供给不足，当年新生产的粮食因价格较高、质量不优，出现市场销售不畅，最终通过政府收购直接进入库存，难以进入消费、加工环节。因此，须充分发挥价格支持政策的导向和调节作用，加快改善粮食供给侧产品结构，提高优质绿色粮食产品供给，满足居民日益增长的高端化、多样化消费需求。

3.2.5 粮食进口增加

2000—2003 年，我国稻米进口量每年保持在 25 万吨左右；2004—2007 年，稻米进口量相对较高，2004 年、2006 年进口量在 70 万吨以上，2005 年、2007 年进口量在 50 万吨左右；2008 年国际粮食价格大幅攀升，我国稻米进口明显减少，进口量降至 33 万吨，较 2007 年较少 15.7 万吨；2009—2010 年进口量保持在 35 万～40 万吨；2011 年则增加到 59.8 万吨。2012 年以后，国内稻米价格稳中有升，而国际价格大幅下滑，国内外价差不断扩大，导致稻米进口量大幅攀升，2012 年稻米进口量达到 236.9 万吨，约为 2011 年水平的 4 倍，2015 年超过 300 万吨规模，2016 年达到 356 万吨，较 2011 年进口规模扩大近 6 倍（图 3-6）。总体来看，2012 年以前我国稻米进口量相对较少，且各年进口量较平稳，2012 年以后稻米进口出现明显增加，增加的原因主要是国际稻米价格出现持续大幅下滑。

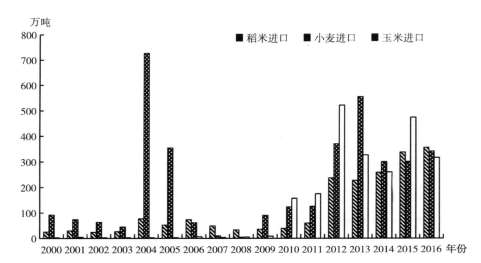

图 3-6　2000—2016 年我国三大主粮进口量变化

数据来源：历年《中国农业发展报告》。

　　2000—2003 年我国小麦进口量逐步减少，从 91.9 万吨减少到 44.7 万吨；2004 年小麦进口快速增加到 725.8 万吨，2005 年也达到 353.8 万吨的高位水平；2006 年小麦进口量开始大幅回落，受国际粮食价格攀升影响，2007 年、2008 年我国小麦进口量很少，分别仅有 10.1 万吨、4.3 万吨；2009 年国际粮食价格回落，国内小麦价格上升，小麦进口量开始增加，当年达到 90.4 万吨水平，2010 年、2011 年分别上升到 123.1 万吨、125.8 万吨水平。2012 年以后，国际小麦价格大幅下滑，小麦进口量大幅增加。2012 年达到 370.1 万吨，是 2011 年进口量的近 3 倍；2013 年进一步攀升至 553.5 万吨规模，较上年高位水平又提高 50% 左右；2014—2016 年小麦进口量维持在 300 万～350 万吨，仍然处于历史较高水平。2010 年以前，我国玉米进口量较少，2009 年仅为 8.4 万吨；2010 年玉米进口量明显增加，达到 157.3 万吨，2012 年跃升至 520.8 万吨，占到玉米进口配额的 70% 以上，2015 年、2016 年玉米进口量也分别高达 473.0 万吨和 316.8 万吨（图 3-6）。

　　自 2012 年以后，稻谷、小麦和玉米进口明显增加，进口增加和提高粮食价格水平有一定关系，但造成进口量上升的主要原因是国际粮食价格大幅下滑。我国对粮食进口采取配额管理，每年大米、小麦和玉米的进口配额分别为 532 万吨、963.6 万吨和 720 万吨。2016 年大米进口量为 356 万吨，小麦进口量为 341.2 万吨，玉米进口量为 316.8 万吨，三大主粮进口量均在关税配额以内，分别只占各自进口配额的 66.9％和 35.4％和 44％。当进口量超出关税配额时，将对国外粮食产品征收 65％的进口关税，届时国外粮食将失去价格优势，我国粮食进口增长态势将会得到有效遏制。此外，我国口粮进口量不足国内消费量的 3％，即使大米、小麦和玉米保持适当增加，其进口总量仍然较小，不仅不会影响我国粮食安全状况，反而还能调节国内市场短缺粮食品种，改善国内粮食供给结构。

　　值得注意的是，在我国粮食涵盖谷物、薯类和豆类，其中口粮主要为稻谷、小麦，大豆的主要用途是榨油，大豆和口粮品种战略地位截然不同。但在我国农业统计体系中，大豆算作粮食作物，而很多国家和国际组织将大豆归为油料作物。在论及粮食进口时，国内很多研究或报道中，将大豆和稻谷、小麦未做区别对待，以包含大豆进口的粮食进口总量作为引证数据，得出我国粮食进口大幅攀升、对国外依赖程度加大等结论。事实上，我国粮食进口中，只有大豆进口量很高，2016 年高达 9 349.5 万吨，而稻米、小麦和玉米三大粮食品种进口量分别只有 356 万吨、341.2 万吨和 316.8 万吨，其总和仅有 1 014 万吨，约为大豆进口量的十分之一。2016 年，我国稻米、小麦和玉米三大主粮综合自给率为 103.3％，实现了基本自给；进口依存度也仅为 2.1％，对国际市场依赖程度较小。若将大豆纳入粮食统计，2016 年我国粮食自给率则降至 87.1％，粮食处于不安全状态；进口依存度则上升至 17.8％，对外依赖程度明显提高。显然按照现行统计口径，会颠覆我国粮食自给水平和进口依存状况，掩盖粮食市场真实情况，不能对我国粮食安全状况做出客观评价，容易滋生恐慌情绪，不利于粮食产业健康长远发展。在论述粮食安全有关问题时，应对具体粮食品种加以区分，不能混为一谈。

3.3　本章小结

2004 年以来，我国在水稻、小麦和玉米主产区逐步实行价格支持政策，为贯彻中央强农惠农的工作要求，国家从 2008 年开始连续 7 年提高稻谷和小麦的最低收购价水平，从 2010 年开始连续 4 年提高玉米临时收储价格。粮食价格支持政策执行后，在我国粮食产量逐步提高的同时，也出现粮食库存攀升、生产成本高企、进口增加、国内外粮食价差扩大等问题。

国内外粮食价差的扩大主要出现在 2012 年以后，主要原因是国际市场粮食价格的大幅下滑，国际粮食价格下滑和美元贬值、能源价格下跌等有关，预计未来国际粮价进一步下降的空间有限，国内外粮食价差问题会得到缓解。国内粮食价格支持政策并不是导致国内外粮食价差扩大的主要原因，相反正是由于价格支持政策的存在，才避免了国内粮食价格出现大幅波动，对我国粮食产业、农民切身利益起到保护作用。

近年我国三大主粮品种进口量明显增加，国内价格支持政策一定程度上刺激了粮食进口，但这并不是粮食进口增加的主要原因，造成粮食进口攀升的主要原因是国际粮食价格大幅下跌。虽然我国口粮进口增长较快，但进口总量仍然很小，且我国对粮食进口采取配额管理措施，大米、小麦和玉米的进口量仍在关税配额以内；如果粮食进口量超出关税配额，将对进口粮食加征高额关税，届时国外粮食将失去价格优势。因此，保持我国三大主粮适当进口，不仅不会对我国粮食安全产生威胁，还能调节国内粮食市场短缺品种、改善粮食市场供给结构。事实上我国粮食进口中，只有大豆进口量很高，在讨论粮食进口及粮食安全问题时，应将大豆和稻谷、小麦等口粮作物区别对待，不可一概而论。

第4章 粮食价格支持政策与农业供给侧结构性改革

4.1 农业供给侧结构性改革

4.1.1 农业供给侧结构性改革的概念

2015 年中央农村工作会议首次提出"农业供给侧结构性改革"概念，强调"要着力加强农业供给侧结构性改革，提高农业供给体系质量和效率，使农产品供给数量充足、品种和质量契合消费者需要，真正形成结构合理、保障有力的农产品有效供给。"

2016 年 3 月，习近平总书记在参加十二届全国人大四次会议湖南代表团审议时指出，"新形势下，农业主要矛盾已经由总量不足转变为结构性矛盾，主要表现为阶段性的供过于求和供给不足并存。推进农业供给侧结构性改革，提高农业综合效益和竞争力，是当前和今后一个时期我国农业政策改革和完善的主要方向。"农业供给侧结构性改革要从根本上提高农业的综合效益，增强农产品的竞争力，要求改变传统生产方式和发展模式，优化调整农业结构，改善农产品供给结构，多生产绿色有机食味产品，满足消费者的需求，提升整体经济效益。

推进农业供给侧结构性改革不仅要根据市场需求进行农业生产，增加契合消费者需求的粮食品种，提高优质高端农产品比重，还应改善农业生产的成本结构，在供给侧生产方式上作出优化调整，减少化肥、农药等化学要素投入，提高农业机械化水平，改善农业供给侧成本结构，从成本控制角度提高农业供给效率。

4.1.2　农业供给侧结构性改革相关政策文件

(1) 2017 年中央 1 号文件

2017 年中央 1 号文件《中共中央国务院关于深入推进农业供给侧结构性改革加快培育农业农村发展新动能的若干意见》以推进农业供给侧结构性改革为主题，文件中关于农业供给侧结构性改革和粮食价格支持政策调整的内容主要包括：在调整种植结构方面，"粮食作物要稳定水稻、小麦生产，确保口粮绝对安全，重点发展优质稻米和强筋弱筋小麦，继续调减非优势区籽粒玉米"。在优化区域布局方面，"以主体功能区规划和优势农产品布局规划为依托，科学合理划定稻谷、小麦、玉米粮食生产功能区"。在推进农业清洁生产方面，"深入推进化肥农药零增长行动，开展有机肥替代化肥试点，促进农业节本增效。建立健全化肥农药行业生产监管及产品追溯系统，严格行业准入管理"。在深化粮食等重要农产品价格形成机制和收储制度改革方面，"坚持并完善稻谷、小麦最低收购价政策，合理调整最低收购价水平，形成合理比价关系。坚定推进玉米市场定价、价补分离改革，健全生产者补贴制度，鼓励多元市场主体入市收购，防止出现卖粮难"。

2017 年中央 1 号文件着重强调要优化调整水稻、小麦种植结构与区域布局，重点发展优质专用口粮品种，确保口粮绝对安全底线；推广有机绿色生产，促进农业节本增效；明确提出要继续执行粮食最低收购价政策，并合理调整最低收购价水平，理顺市场比价关系；健全生产者补贴制度，保护农民利益。

(2) 国务院办公厅《关于加快推进农业供给侧结构性改革大力发展粮食产业经济的意见》

2017 年 9 月 1 日，国务院办公厅下发《关于加快推进农业供给侧结构性改革大力发展粮食产业经济的意见》，指出要"全面落实国家粮食安全战略,以加快推进农业供给侧结构性改革为主线,以增加绿色优质粮食产品供给、有效解决市场化形势下农民卖粮问题、促进农民持续增收和保障粮食质量安全为重点,大力实施优质粮食工程,推动粮食产业创新发展、转型升级和提质增效。"

该文件强调要在保障国家粮食安全的同时,通过推进粮食产业供给侧改革来确保粮食质量安全,并对增加绿色有机等优质粮食产品供给提出明确要求。

(3) 国家粮食局《关于加快推进粮食行业供给侧结构性改革的指导意见》

2016 年 7 月 12 日,国家粮食局印发《关于加快推进粮食行业供给侧结构性改革的指导意见》,指出"我国粮食领域的主要矛盾已经由总量矛盾转变为结构性矛盾,矛盾的主要方面在供给侧",强调"要深入贯彻国家粮食安全战略,紧紧围绕中央关于推进供给侧结构性改革的决策部署,以推动粮食流通领域转方式、调结构、去库存、降成本、强产业、补短板为方向""进一步调优供给结构,减少无效和低端供给,增加有效和中高端供给,催生和培育新的市场需求,切实增强粮食产品供给和需求结构的匹配度、适应性,实现更高层次的粮食供需动态平衡""结合不同地区、不同品种、不同企业的实际情况,因地制宜,分类施策,强化指导,务求实效",要求"加快推进粮食收储制度改革,充分发挥流通对生产的引导和反馈作用,推动粮食种植结构调整优化""建立健全生产者补贴制度,切实保护好农民种粮积极性""探索粮食收购新模式,鼓励通过优质优价、技术指导、代收代储等方式,积极引导农民增加优质粮食品种供给,增加种粮农民收益"。

该指导意见在强调保障粮食安全、提高优质中高端粮食产品供给的同时,还指出要去库存、降成本,结合不同地区、不同品种等,因地制宜,分类施策,逐步推进粮食行业供给侧结构性改革,并提出了更加详细具体的改革要求。

4.2　主要粮食区域布局结构

优化调整粮食种植结构是农业供给侧结构性改革的重要内容，分析水稻、小麦主要粮食品种的优势产区，是借助价格支持政策来优化主要粮食品种种植结构的重要前提。根据 2008 年农业部发布的《全国优势农产品区域布局规划（2008—2015 年)》，全国水稻生产将着力建设东北平原、长江流域和东南沿海 3 个优势种植区；小麦生产将着力构建黄淮海、长江中下游、西南、西北、东北 5 个优势种植区。

4.2.1　水稻优势种植区域分布

水稻是我国口粮消费的主体，未来稻米消费将呈增长趋势，依靠国际市场无法满足国内市场需求，其战略地位十分重要。当前我国稻米市场结构性矛盾突出，一方面稻谷库存积压严重，另一方面稻米优质率较低，优质优价机制尚未形成。

（1）东北平原水稻优势种植区

东北平原水稻优势种植区主要包括黑龙江、吉林、辽宁 3 省，该地区土壤肥沃，昼夜温差大，水稻生长期长，是我国著名的优质粳稻生产区。区内稻谷单产水平高，优良品种口感与日本稻米相近，商品量高，市场需求量较大，是国内优质粳米主要产地。东北平原水稻优势种植区均是粳稻最低收购价政策执行区域。

（2）长江流域水稻优势种植区

长江流域水稻优势种植区主要覆盖四川、重庆、云南、贵州、湖南、湖北、河南、安徽、江西、江苏 10 省（市），该地区水资源丰富，气候条件良好，适合各类水稻生长，是我国水稻产量最高的地区，对保障全国稻米供应发挥重要作用。区内稻米品种复杂多样，既有各类籼稻生产，也有大面积粳稻种植，粳稻生产主要集中在江淮地区，江淮地区是南粳 9108、南粳 505 等优质食味粳稻品种的理想种植区域，应逐步扩大江淮地区优质食味粳稻生产，就近满足东部大中城市优质粳米消费需求。区内四川、湖南、湖北、安徽、江西、江苏、河南 7 省为稻谷最低收购价执行地区。

（3）东南沿海水稻优势种植区

东南沿海水稻优势种植区主要包括上海、浙江、福建、广东、广西、海南 6 省（区、市），该区降水量大，热量较多，是我国最适宜水稻生长的区域，具备明显的发展优质籼米的优势条件，区域整体经济发达，居民生活水平高，人口密度大，优质籼米市场需求旺盛。东南沿海水稻优势种植区应着力发展优质高档籼稻，加大优良新品种选育力度，改善稻米品种结构，提升稻米优质率。广西壮族自治区是稻谷最低收购价政策执行地区，可加大对广西优质高档籼稻价格支持力度，鼓励该区并带动周边省份发展优质高档籼米。

4.2.2　小麦优势种植区域分布

小麦是我国北方居民主要口粮品种，在保障国家粮食安全中具有重要地位。自 2006 年实施小麦最低收购价政策以来，我国小麦产量逐步恢复，市场供需总体平衡，但市场上优质专用品种偏少，高档强筋、弱筋小麦仍然依赖进口。提高优质专用小麦品种比例，发展优质强筋、弱筋小麦是未来我国小麦产业发展的主攻方向。

（1）黄淮海小麦优势种植区

黄淮海小麦优势种植区覆盖河北、山东、北京、天津全部，河南中北部、江苏和安徽北部、山西中南部以及陕西关中地区，是我国小麦主要产区，也是全国优质强筋小麦优势产区，市场区位优势明显，生产潜力大，加工能力强，该地区应着力发展优质强筋小麦，满足国内优质面包、面条、饺子粉等加工需求。我国小麦最低收购价政策的执行省份主要集中在黄淮海小麦优势种植区，政策执行地区包括区内的河北、山东、河南、江苏、安徽 5 省。

（2）长江中下游小麦优势种植区

长江中下游小麦优势种植区包括江苏、安徽两省淮河以南、湖北北部、河南南部等地区，该区弱筋小麦生产条件得天独厚，是我国优质弱筋小麦主要优势产区，且该地区区位优势明显，水陆运输便利，应着力发展优质弱筋小麦，力争将长江中下游小麦优势种植区打造成全国最大的弱筋小麦生产基地，提高对全国市场优质弱筋小麦供应能力，满足国内饼干、糕点等食品加工业优质原料需求。区内江苏、安徽、湖北为我国小麦最低收购价政策执行地区，可加大对江苏和安徽两省淮河以南地区、湖北北部地区、河南南部地区的优质弱筋小麦品种的价格支持力度。

（3）西南小麦优势种植区

西南小麦优势种植区包括四川、重庆、云南、贵州等省（市），是优质中筋小麦优势产区，该地区应着力发展优质中筋小麦，建成我国西南地区中筋小麦生产基地，满足地区馒头、面条加工产业的优质原材料需求，提高西南地区小麦自给水平，保障区内口粮安全。

（4）西北小麦优势种植区

西北小麦优势种植区包括新疆、甘肃、青海、宁夏，陕西北部及内蒙古河套地区，是我国优质强筋和中筋小麦优势产区之一，巩固该区小麦发展对维持老少边贫地区社会稳定意义重大。该地区应着力发展优质强筋、中筋小麦，建成我国西北地区优质强筋、中筋小麦生产基地，满足市场面包、面条、馒头加工用优质专用小麦需求，保障西北地区小麦口粮安全。

（5）东北小麦优势种植区

东北小麦优势种植区包括黑龙江、吉林、辽宁全部及内蒙古东部，是我国优质强筋、中筋小麦的优势产区之一。因生产条件优越，该地区小麦品质好，商品率高，应着力将该地区建设成全国优质强筋、中筋小麦生产基地和商品麦基地，大力发展优质面包、面条、馒头等食品加工业。

4.3 粮食价格支持政策与粮食供给侧存在的问题

4.3.1 当前我国粮食供给侧存在的问题

（1）种植结构失衡

当前我国粮食供求总量平衡有余，粮食供给不足的主要矛盾已经解决，但结构性矛盾仍然突出。随着生活水平的提高，居民消费结构发生明显转变，城乡居民对农产品需求正由过去的"吃得饱"向"吃得好、吃得安全、吃得营养健康"转变，优质化、多元化、个性化消费需求显著增多，对优质高档粮食产品需求量明显加大。以小麦为例，国内对于高品质的优质强筋、弱筋小麦需求逐步增加，而国内优质专用小麦供给不足，仍然需要依靠从国际市场进口才能满足国内市场需求。由于种植优质稻米、优质专用小麦对生产技术、管理水平要求相对较高，而当前国内执行同一价格支持政策，没有理顺优质产品与普通产品间的比价关系，优质粮食产品在市场上得不到优价体现，农户种植优质产品往往不能获得较高收益，导致农户种植优质粮食产品的积极性不高，出现优质稻米、优质强筋和弱筋小麦等品种供给结构失衡，国内需求缺口较大等问题。

（2）生产成本较高

生产成本较高也是粮食供给侧存在的重要问题，关系到粮食供给的效率和竞争力。受农资价格上涨、劳动力成本增加等影响，我国粮食生产成本快速攀升。2000—2016年，稻谷每亩平均生产成本从351.7元增加到979.9元，增加幅度高达178.6%；小麦每亩平均生产成本从312.1元大幅增加到805.6元，增加158.1%；玉米每亩生产成本从285.3元增加到827.7元，提高190.1%。生产成本的大幅增加降低了粮食生产效率，削弱粮食产品国际竞争力，也使粮食价格支持政策的增收效果大打折扣，极大损害了农民种粮积极性。因此，降低粮食生产成本也是粮食供给侧结构性改革的重要方面，需要通过减少物质要素投入、改善粮食成本结构，提高粮食生产投入产出比，实现粮食产业高质量发展。值得注意的是，生产成本的攀升和价格支持政策本身有密切关系，降低生产成本需要从改革完善粮食价格支持政策本身着手。第 6 章将详细阐述粮食价格支持政策与生产成本之间的关系。

（3）优良品种推广受限

我国种子市场品种繁杂，普通农户在选种时更多考虑价格因素，大量普通甚至不合格品种凭借价格优势对真正的优良品种形成巨大冲击，导致种子市场出现"劣币驱逐良币"现象，甚至出现市场失灵情况，使得真正优良品种虽选育上市多年，但难以被市场认可，推广范围仍然局限于较小范围，未能得到大面积推广应用，出现优良品种推广不足问题。此外，我国从事农业生产的农民整体年龄偏大，了解新品种的途径较少，在选择种植品种时，往往更多地依靠自己多年的种植经验，缺乏选用优良新品种的主动性，甚至倾向于选择自留种，导致优良品种在农村基层推广受限。

4.3.2　粮食价格支持政策存在的问题

针对农业供给侧结构性改革背景，当前我国粮食最低收购价政策主要存在以下三方面不足。

（1）只注重总量调控，未重视质量调节

当前我国粮食价格支持政策的目标主要在于激发农民种粮积极性，提高粮食总产量，保障粮食总体供给水平。虽然不同等级的粮食存在一定的收购差价，但整体价格支持水平仍然偏高、价格级差偏小，不能形成有效的市场区分度，导致市场粮食产品良莠不齐，挫伤农户生产优质粮食积极性。适当降低粮食价格支持水平，使市场价格有一定的波动区间，可以更好发挥市场定价机制，使不同等级粮食产品能在价格上形成一定的区分度，让优质粮食因有市场需求而保持较高价格，让劣等粮食产品不被市场认可而具有较低价格，逐步形成优质优价的市场调节机制，引导农民生产优质粮食，提高市场优质粮食供给，逐步将劣质粮食产品剥离出市场，从而改善粮食产品供给结构。

（2）地区间缺乏政策差异，难以突出区域优势

我国地域辽阔，农业资源丰富，气候地域性特征也十分明显，形成了不同农业优势产区。全国水稻有东北平原、长江流域和东南沿海3大优势产区；小麦有黄淮海、长江中下游、西南、西北和东北5大优势产区。各优势产区粮食生产的比较优势不尽相同，执行同一、无差别的价格支持水平，无疑不利于引导资源要素聚集，不能突出区域比较优势，难以起到优化区域资源配置的作用。完善价格支持政策，执行地区差异化价格支持政策，在优势产区适当提高优势粮食品种最低收购价水平，有利于稳定和扩大优势产区种植面积，促进区域优势资源要素向优势区聚集，提升整体资源配置水平，优化全国粮食产业结构，保障优质粮食产品供应能力。

（3）与优良品种推广联系不紧密，不能发挥良好导向作用

改善粮食品质关键在于优良品种，在促进优良新品种选育推广方面，价格支持政策可以发挥很好的导向作用。目前价格支持政策体系略显简单，只对不同粮食大类如早籼稻、中晚籼稻、粳稻进行区分，而每类粮食品种多样，不同品种所生产出的粮食存在明显的品质、口感差异，需要对优质品种进行细化区分，以更好体现优质优价的原则。因此，充分利用价格支持政策的杠杆调节作用，对品质优、口感好、抗性强的优良新品种要加大价格支持力度，促进优良新品种选育推广，从品种上彻底改善粮食产品品质，优化种植结构，增加优质产品供给，迎合消费者品质、口感需求。此外，通过加大价格支持力度，促进新品种推广，还可以进一步提升粮食产业科技进步水平，使价格支持政策成为推进粮食产业高质量发展的重要抓手。

4.4　供给侧结构性改革背景下粮食价格支持政策的调整方向

价格支持政策具有良好的生产调节作用，在实施农业供给侧结构性改革过程中，适当调整粮食价格支持政策可有效推进农业供给侧结构性改革进程。

（1）适当调低粮食最低收购价，促进优质优价机制形成

当前我国粮食最低收购价水平整体较高，虽然实行级差收购，但相邻等级差价较小，没有明显区分度，导致优质粮食产品的价值未能得到高价体现，挫伤农户生产优质粮食产品的积极性；而中低等级粮食品种却能够因较高的支持价格得到大量生产。中低等级粮食产品难以得到消费者认可，不能真正进入消费环节，生产以后便通过政府收购进入库存储备，导致粮食库存积压严重。适当调低粮食最低收购价，可以扩大粮食价格市场波动区间，给予市场定价机制更多作用空间，使优质产品因能够满足消费需求而具有较高的市场价格，使中低等级粮食产品因需求小而价格较低，从而形成优质优价机制，引导农户种植较高质量的粮食产品，改善粮食供给结构，提高绿色有机等优质粮食产品比重。当然，粮食最低收购价须保持适当幅度，应以维持较高的粮食自给水平为调整底线，守好保障粮食安全的底部防线，实现粮食最低收购价政策由托市支持粮食市场价格向托底保障国家粮食安全转变。

（2）执行地区差别化价格支持政策，优化调整区域种植结构

目前粮食最低收购价政策只对早籼稻、中籼稻、晚籼稻、粳稻作了区分，制定了不同的最低收购价水平，2012 年之前还对白小麦、红小麦和混合麦等小麦大类进行区分。然而在不同地区执行相同的最低收购价水平，缺乏针对优势产区的支持倾斜，难以实现"稳定增加优势产区面积、调减非优势产区面积"的调控目标。适当提高优势产区粮食最低收购价水平，有利于稳定和增加优势产区种植面积，调整粮食种植结构，优化全国粮食区域布局。

稻谷最低收购价执行地区为黑龙江、吉林、辽宁、河南、江苏、安徽、湖北、湖南、四川、江西、广西11省（区），政策执行地区遍布水稻各优势产区。在稻谷价格支持政策执行地区和东北平原水稻优势种植区结合地区，即黑龙江、吉林、辽宁3省提高优质粳稻最低收购价，充分利用该区域土壤肥沃、米质口感、商品量大、比较收益高等优势条件，大力发展优质粳米，满足北方市场及南方大中城市粳米消费需求；在长江中上游水稻优势种植区（四川、湖南、湖北）提高优质籼稻最低收购价水平，稳定该地区稻米自给水平，提升南方市场优质籼米供应能力；在江淮地区即江苏、安徽长江以北和淮河以南地区、河南南部，适当提高粳稻最低收购价水平，鼓励该地区逐步扩大优质粳米生产，在满足当地稻米需求的基础上，保障东南沿海市场优质粳米供应；在稻谷价格支持政策执行地区和东南沿海水稻优势种植区的重叠区域，即广西壮族自治区，提高优质高档籼稻最低收购价格，促进优质高档籼稻发展，对于普通籼稻品种，可适当降低最低收购价水平，执行统一保底的最低收购价水平。

小麦最低收购价政策在河北、山东、河南、江苏、安徽和湖北6省执行，执行地区主要分布在黄淮海小麦优势种植区和长江中下游小麦优势种植区。在价格政策覆盖区和黄淮海小麦优势种植区的重合区域，即河北、山东、河南中北部、江苏北部、安徽北部，适当提高优质强筋、中强筋和中筋小麦最低收购价水平，促进该地区优质专用小麦发展，满足国内优质面包、面条、馒头、饺子粉等加工需求；在价格政策覆盖区和长江中下游小麦优势种植区的重合区域，即江苏、安徽两省淮河以南地区，湖北北部、河南南部等地区，适当提高优质弱筋小麦最低收购价水平，利用该地区得天独厚的生产条件，大力发展优质弱筋小麦，促进适合加工优质饼干、糕点、馒头的优质专用小麦发展。在其他政策覆盖区统一执行相对较低的最低收购价。

（3）将价格支持细化到优良主推品种，优化粮食种植品种结构

提高粮食产品品质，实现粮食产业高质量发展，归根结底还需要依靠优良新品种的不断培育和推广。然而我国农业区域分布广阔，农户经营规模偏小，给优良新品种及时有效推广带来极大困难，导致优良新品种推广受限，出现应用时滞现象。虽然当前我国粮食最低收购价政策考虑了粮食等级间的差异，一定程度上体现了优质优价的原则，对保障粮食等级质量起到了积极作用；但是优质仅停留在水分率、出米率等基本技术指标上，未能体现优良品种的优质优价，不能满足新时代粮食产业高质量发展要求。将粮食价格支持政策精准到具体优良品种，可有力推动农业种植结构优化调整，提高粮食产品供给质量，促进农业供给侧结构调整。因此，要进一步完善粮食最低收购价政策，将支持价格从粮食大类细化到具体作物的主推优良品种上来，在不同省份筛选确定地区主导品种，通过适当提高优良品种粮食价格，引导各地区农户种植优良品种，扩大优良品种种植面积，改善我国粮食整体种植结构，推动农业供给侧结构性改革，提高粮食产业科技进步水平，促进粮食产业高质量发展。

4.5 本章小结

农业供给侧结构性改革是新时代党中央提出的重大战略部署，当前农业面临的诸多问题，集中表现在供给侧，推动农业供给侧结构性调整，着力提升产品供给质量，是解决当前农业发展突出问题的关键路径。推进粮食产业供给侧结构性改革是提高粮食供给质量、效益和效率，实现粮食产业转型升级的重要抓手；在推进粮食产业供给侧结构性改革过程中，粮食价格支持政策可以发挥良好的调节导向作用。一是通过适当调低粮食最低收购价，拉开粮食市场价格差距，有利于促进优质优价市场机制形成；二是执行地区差别化价格支持政策，加大优势产区优势粮食产品的价格支持力度，有利于引导区域优势资源要素聚集，优化粮食区域生产布局，改善粮食供给结构，整体提升优质粮食产品供给能力；三是将价格支持细化到优良主推品种，不仅可以促进优良新品种选育推广，优化粮食种植品种结构，提高优质粮食供给，还可以进一步促进粮食产业科技进步水平提升。

我国粮食价格支持政策改革，应实现由托市支持粮食市场价格向托底保障国家粮食安全转变、由统一普惠支持向重点差别化支持转变。

第5章 价格支持政策对粮食市场价格的影响

价格支持政策是否能取得良好的增产增收效果，基本的前提是对粮食市场价格能形成有效干预，若不能有效干预粮食价格，那么其促进粮食生产、增加农民收入等政策目标也无法实现。粮食价格支持政策对粮食市场价格（生产价格）是否产生或产生多大影响是评价价格支持政策综合影响的基础，本章将从价格支持政策作用机制入手，基于省级面板数据，估计粮食价格支持政策对粮食市场价格的影响效应（弹性），为后续章节模拟分析最低收购价水平调减以及玉米临时收储政策取消的综合影响提供实证基础及参数依据。

5.1 粮食市场价格变化

5.1.1 稻谷市场价格变化

20世纪90年代初（1990—1992年），我国稻谷农户出售价格保持在29元/50千克水平，1993年稻谷价格开始明显上涨，每50千克稻谷价格涨至40.4元，较1992年增加11.1元，上涨37.9%；1994年稻谷价格上涨势头更加迅猛，涨至71.2元/50千克，较1993年增长76%，每50千克价格净提高30.7元；1995年价格强劲上涨势头仍在持续，每50千克稻谷价格达到82.1元，较上年提高15.4%。经过3年的快速上涨，1995年我国稻谷价格达到历史高点82.1元/50千克，约是上涨前1992年稻谷价格的2.8倍。1996年开始稻谷价格逐年下滑，2002年跌至历史低点 51.4 元/50 千克，较 1995 年价格下跌 37.4%（图 5-1）。1990—2002 年，我国稻谷价格经历了大起大落，稻谷价格的不稳定给稻谷市场带来不确定性，形成较大市场风险，使农民种粮积极性受挫，给我国粮食产业稳定健康发展带来重大挑战。

面对粮食价格低迷形势，2004 年我国开始出台稻谷最低收购价政策，对早籼稻、中晚籼稻、粳稻等稻谷品种制定不同价格支持水平，当年稻谷平均最低收购价约 73.2 元/50 千克。2004 年稻谷价格上升至 79.8 元/50 千克，较 2003 年上涨 32.9%，2005 年稻谷价格出现小幅下跌，2006 年突破 80 元/50 千克，2007 年小幅上涨至 85.2 元/50 千克。2008 年政府开始提高稻谷最低收购价，稻谷市场价格上涨到 95.1 元/50 千克，每 50 千克较 2007 年提高 9.9 元，增长了 11.6%；此后，随着稻谷最低收购价水平的逐年提高，稻谷市场价格持续上涨，并于 2014 年达到新的历史高点 140.6 元/50 千克。2014—2015 年，稻谷最低收购价基本维持不变，2016 年国家小幅下调早籼稻最低收购价，稻谷价格停止上涨，并出现小幅下降，2016 年降至 136.8 元/50 千克，每 50 千克比 2014 年下降 3.8 元（图 5-1）。稻谷最低收购价政策明显抬升稻谷市场价格，避免了稻谷市场出现大幅波动，对稳定稻谷市场起到重要作用。

图 5-2 描述了稻谷实际生产价格和实际最低收购价变化情况。稻谷实际价格在 1994 年攀升至历史高位 45.4 元/50 千克，较 1993 年上涨 41.9%，较 1990 年提高 56%。1995 年稻谷实际价格步入快速下行通道，2002 年降至历史低点 25.7 元/50 千克，较 1994 年历史高位下降 43.4%，比 1990 年还低 11.7%，下跌幅度远超名义价格。2003 年，受国家惠农政策影响，稻谷市场价格开始回升，稻谷实际价格下跌态势得到扭转，2003 年稻谷实际价格小幅上扬至 29.6 元/50 千克，较 2002 年上涨 15.2%，与 1990 年价格水平大致持平。2004 年随着稻谷最低收购价政策的实施，当年稻谷实际价格大幅提高，达到 37.9 元/50 千克，较 2003 年上涨 28%，2005 年实际价格小幅回调，降至 34.1 元/50 千

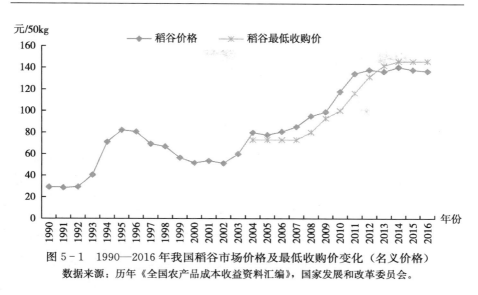

图 5-1　1990—2016 年我国稻谷市场价格及最低收购价变化（名义价格）
数据来源：历年《全国农产品成本收益资料汇编》，国家发展和改革委员会。

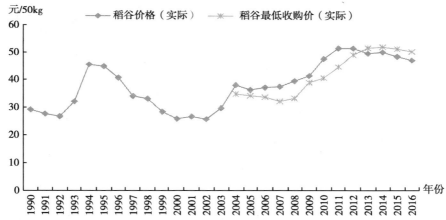

图 5-2　1990—2016 年我国稻谷市场价格及最低收购价变化（实际价格）
注：实际价格以 1990 年不变价格衡量。
数据来源：历年《全国农产品成本收益资料汇编》，国家发展和改革委员会。

克，降幅 10%。2006 年开始，稻谷实际价格连续 6 年保持上涨，在 2011 年达到历史高点 51.5 元/50 千克，每 50 千克实际价格较 2003 年净提高 21.9 元，累积上涨 73.9%，年均增长率达 7.2%。2012 年稻谷实际价格基本维持 2011 年水平，2013 年稻谷实际价格开始下降，在 2016 年降至 47.2 元/50 千克，每 50 千克较 2012 年减少 4.3 元，下降

8.3%。与1990年稻谷实际价格水平相比，2016年稻谷实际价格累计提高18.1元，26年间提高幅度仅为62.2%，远小于名义价格370%的上涨幅度。

5.1.2 小麦市场价格变化

1990年我国小麦市场价格为30.4元/50千克，略高于当年稻谷价格；到1993年，小麦价格逐步涨至36.5元/50千克，较1990年水平提高约20%；1994年小麦价格出现大幅上涨，涨至56.5元/50千克，每50千克价格较1993年提高20元，提高幅度达54.9%；1995年小麦价格大幅增长势头仍在持续，当年价格达到75.4元/50千克，较1994年上涨18.9元，上涨幅度达33.5%；1996年小麦价格上涨势头变缓，较1995年上涨7.4%，达到81元/50千克，首次突破80元/50千克。1996年以后小麦价格步入下行通道，连续6年保持下降，2002年下降到51.3元/50千克，较1996年价格下降约30元/50千克，降幅达36.7%。2003年，受农业补贴等惠农政策影响，小麦价格开始回升；2004年受稻谷最低收购价政策影响，小麦价格大幅上涨，涨至74.5元/50千克，每50千克较2003年提高18.1元，上涨幅度达到32.1%；2005年小麦价格出现回调，降至69元/50千克水平，较2004年下降7.4%（图5-3）。

2006年政府开始执行小麦最低收购价政策，当年小麦平均最低收购价约为70元/50千克，当年小麦市场价格为71.6元/50千克，小麦市场价格与支持价格几乎持平；2007年小麦支持价格水平保持不变，小麦市场价格则小幅涨至75.6元/50千克，每50千克价格较2006年提高4元，上涨5.5%。2008—2014年，小麦最低收购价逐年提高，小麦市场价格也随之逐年上升，直至2014年达到新的历史高点120.6元/50千克，较2007年小麦价格提高45元，提高幅度约60%，年均涨幅约为6.9%。小麦最低收购价政策对稳定和提高小麦市场价格起到了重要作用。2014—2016 年，小麦最低收购价水平维持不变，小麦市场价格则出现小幅下滑，2015 年降至 116.4 元/50 千克，每 50 千克价格较 2014 年下降 4.2 元，低于小麦最低收购价 1.6 元；2016 年降至 111.6 元/50 千克，较 2015 年下降 4.1%（图 5-3）。

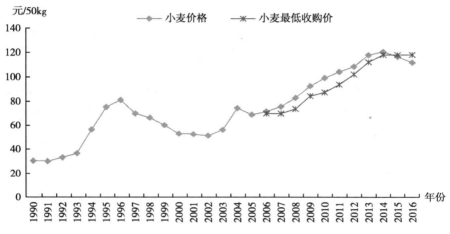

图 5-3　1990—2016 年我国小麦市场价格及最低收购价变化（名义价格）
数据来源：历年《全国农产品成本收益资料汇编》，国家发展和改革委员会。

图 5-4 反映了小麦实际价格和实际最低收购价变化情况。1990—1993 年，小麦实际价格表现出小幅下降趋势，由 1990 年的 30.4 元/50 千克下降至 1993 年的 28.9 元/50 千克，3 年下降 1.5 元，降幅为 4.9%；1994 年小麦实际价格迅速攀升，升至 36.1 元/50 千克，较 1993 年上涨 24.9%；1995 年小麦实际价格再次大幅上涨，达到 41.1 元/50 千克，较 1994 年上涨约 14%，首次突破 40 元/50 千克，触及历史高位水平；1996 年小麦实际价格小幅震荡回落，回调至 40.8 元/50 千克，比 1995 年略有减少。1997 年开始，小麦实际价格变化进入下行通道，市场价格逐年下滑，并于 2002 年触及历史低点 25.6 元/50 千克，较 1995 年历史高点下降 37.8%，每 50 千克价格净减少 15.5 元。2003 年随着国家惠农政策的出台，小麦实际价格下跌态势同样得到扭转，当年价格涨至 27.8 元/50 千克，较 2002 年上涨 8.6%；受稻谷最

低收购价政策影响，2004 年小麦实际价格也出现大幅上涨，当年实际价格涨至 35.4 元/50 千克，每 50 千克实际价格较 2003 年提高 7.6 元，涨幅达 27.3％；2005 年小麦实际价格出现回调，跌至 32.2 元/50 千克，较 2004 年下降 9％。2006 年国家出台小麦最低收购价政策，当年每 50 千克小麦实际价格为 32.9 元，较 2005 年略有提高；2007 年小麦最低收购价维持在 2006 年水平，小麦实际价格为 33.1 元/50 千克，与 2006 年基本持平。2008 年当政府逐年调高小麦名义最低收购价时，小麦实际价格开始逐年走高；当 2014 年小麦最低收购价达到历史最高水平时，小麦实际价格也达到历史高点 43 元/50 千克，较 2002 年提高 68％，较 1990 年水平提高 41.4％。2014—2016 年，小麦名义最低收购价保持不变，实际支持水平则在下降，此期间小麦实际价格水平同样表现出下降趋势，从 2014 年的 43 元/50 千克下降至 2016 年的 38.5 元/50 千克，下降 10.5％。2016 年每 50 千克小麦实际价格仅比 1990 年上涨 8.1 元，涨幅只有 26.6％，26 年间小麦实际价格上涨幅度很小（图 5-4）。

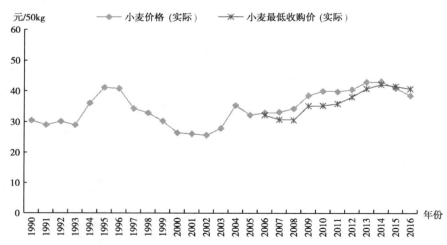

图 5-4 1990—2016 年我国小麦市场价格及最低收购价变化（实际价格）

注：实际价格以 1990 年不变价格衡量。

数据来源：历年《全国农产品成本收益资料汇编》，国家发展和改革委员会。

5.1.3 玉米市场价格变化

1990 年我国玉米生产价格为 21.9 元/50 千克，明显低于同期稻谷和小麦价格。1993 年玉米价格涨至 30.2 元/50 千克，1994 玉米价格达到 48.2 元/50 千克，较 1993 年涨幅高达 59.6%，1995 年玉米价格进一步攀升至 67 元/50 千克水平，较 1994 年上涨 39%，达到历史高位水平。1996 年开始，玉米价格持续下跌，在 2000 年降至 42.8 元/50 千克，5 年中玉米价格累积下跌 36.1%。2001 年玉米价格开始逐步回升，2003 年超过 50 元/50 千克水平，每 50 千克价格达到 52.7 元；2006 年超过 60 元关口，达到 63.4 元/50 千克，2007 年价格涨至 74.8 元/50 千克，高出 1995 年的高位水平 11.6%（图 5-5）。2008 年国家开始执行玉米临时收储政策，每 50 千克玉米平均收储价格为 75.25 元，略高于 2007 年玉米价格水平，而当年玉米价格小幅降至每 50 千克 72.5 元，2009 年玉米价格涨至 82 元/50 千克，2010—2012 年政府连续 3 年调高临储价格水平，玉米价格同步保持快速上涨，且每年均在临储价格以上水平，2012 年玉米价格达到 111.1 元/50 千克，高出 2008 年价格水平 53.2%。虽然 2013 年临储价格进一步上调至 112.25 元/50 千克，但玉米价格出现小幅下降，降至 108.8 元/50 千克，每 50 千克价格低于临储价格 3.45 元，表明玉米价格上限已经形成。2015 年国家下调玉米临储价格至 100 元/50 千克水平，玉米价格降至 94.2 元/50 千克，较 2014 年下降 15.8%；2016 年，当取消玉米临时收储政策时，玉米价格大幅跌至 77 元/50 千克，较上年下降 18.3%，基本回到临时收储政策执行之前水平（图 5-5）。

剔除通货膨胀因素，1995 年玉米实际价格涨至 36.5 元/50 千克，较 1990 年价格上涨 66.7%，每 50 千克玉米实际价格净提高 14.6 元。1996 年开始，玉米实际价格开始下跌，当年价格大幅降至 28.8 元/50 千克，较 2015 年下降 21.1%，1996 年以后玉米实际价格继续保持下降

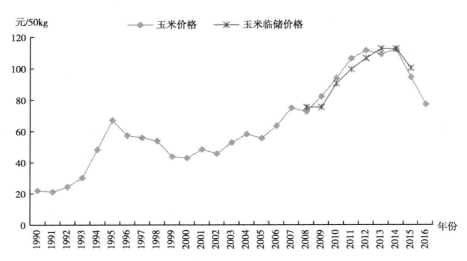

图 5-5　1990—2016 年我国玉米市场价格及临时收储价格变化（名义价格）
数据来源：历年《全国农产品成本收益资料汇编》，国家发展和改革委员会。

态势，在 2000 年触及历史低点 21.4 元/50 千克，几乎回落到 1990 年水平。2001 年玉米市场开始复苏，玉米价格逐步回升，2007 年升至 32.8 元/50 千克，较 2001 年上涨 37.2％。2008 年政府开始实施玉米临时收储政策，当年实际收储价格为 31.2 元/50 千克，玉米实际价格则小幅降至 30 元/50 千克，低于收储价格 1.2 元，较 2007 年下降 8.5％；2009—2012 年，玉米实际临储价格从 31.4 元/50 千克提高到 39.7 元/50 千克，提高 26.4％，玉米实际价格则从 34.2 元/50 千克上升到 41.5 元/50 千克，上涨 21.3％；2013 年实际临储价格进一步提高到 40.8 元/50 千克，而玉米实际市场价格却降至 39.6 元/50 千克，较 2012 年下降 4.6％；2014 年实际临储价格小幅降至 40 元/50 千克，玉米实际价格基本维持在 2013 年水平；2015 年实际临储价格下调至 35.2 元/50 千克，较 2014 年下调 12％，玉米实际价格大幅降至 33.1 元/50 千克，较 2014 年下跌 17％；当 2016 年取消玉米临时收储价格时，玉米实际价格则进一步下滑至 26.6 元/50 千克，较 2015 年下降 19.6％，基本与 1998 年实际价格水平持平（图 5-6）。

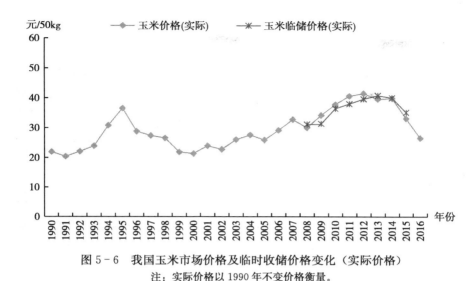

图 5-6　我国玉米市场价格及临时收储价格变化（实际价格）

注：实际价格以 1990 年不变价格衡量。

数据来源：历年《全国农产品成本收益资料汇编》，国家发展和改革委员会。

5.2　价格支持政策对粮食市场价格的作用机制

粮食最低收购价政策的主要内容是政府每年公布不同粮食品种的最低收购价，在政策执行期间内，当粮食市场价格低于最低收购价时，政府委托国有粮食企业入市按照最低收购价收购符合等级要求的粮食产品，并对不同等级的粮食实行差价收购；当市场粮食价格恢复到当年最低收购价水平时，国有粮食企业则退出市场，停止收购农民余粮，交易由买卖双方按照市场定价原则进行。临时收储政策的主要内容是在新粮上市、价格下行压力较大时，国家指定收储库点按照当年公布的收购价格敞开收购粮食，以稳定粮食市场价格，保障农民种粮收益；在后期市场粮食供应减少、价格面临上涨压力时，国有粮库开始抛售粮食，实行顺价销售，平抑市场价格。临时收储政策实质上是通过调节粮食储备达到稳定粮食价格目的，当新粮上市、供给增加时，通过收购将农民余粮转为储备，减少市场供应量，维持市场价格水平；当市场供应减少、价格面临上行压力时，则抛售储备粮食，增加市场供给，平抑市场价格，最终实现市场价格平稳运行。

粮食最低收购价政策的作用机制如图 5-7 所示。新粮集中上市时，粮食供给曲线将由 S_0 右移至 S_1，粮食市场价格将下降至 P_1，低于最低收购价 P_0，此时政府启动执行政策预案，委托粮食收购企业入市收购粮食，政府的购买行为实际上是增加市场需求，将粮食需求曲线 D_0 向右平移至 D_1，直到市场价格位于最低收购价之上；当市场价格高于最低收购价时，政府则退出市场，停止收购粮食，让市场机制调节粮食价格。最低收购价政策实质上是政府通过购买手段，干预粮食市场，增加粮食需求，从而达到抬升粮食市场价格的目标。

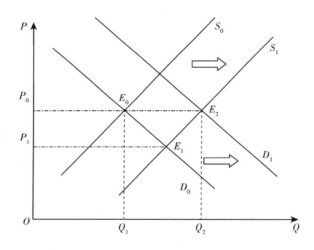

图 5-7 最低收购价政策下政府干预及粮食市场供需变化

粮食临时收储政策运行机制如图 5-8 所示。为简化分析，图中未体现新粮上市时市场供给变化以及上市结束后市场需求变化。左侧供需曲线反映新粮集中上市时，政府购买干预行为带来的市场变化，新粮集中上市时，市场粮食供给增加，供给曲线位于 S 位置，此时市场价格 P_1 将低于临时收储价格 P_0，政府入市按临储价格敞开收购农民余粮，收购行为实质上增加了市场粮食需求，将需求曲线由 D_0 右移至 D_1，此

时市场价格达到 P_0 水平。右侧供需曲线反映新粮上市结束、市场需求增加时情形，此时市场需求曲线位于 D，粮食市场价格为 P_2，高于政府预期价格 P_0，此时政府在市场上抛售储备粮食，政府抛售实际上增加了市场粮食供给，将供给曲线由 S_0 扩张至 S_1，市场价格将得到平抑，重新向 P_0 水平回归。临时收储政策中，政府通过买进和卖出行为，调节市场粮食供求关系，从而达到稳定粮食价格的调控目标。

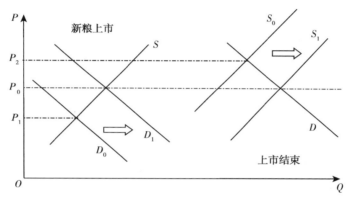

图 5-8　临时收储政策下政府干预行为及粮食市场变化

　　提前公布价格支持水平所形成的市场预期，也是价格支持政策影响粮食市场价格重要机制。政府提前公布当年价格支持水平，释放市场信号，形成市场预期，公布的支持价格会引导买卖双方进行交易。此时若市场价格较低，卖方会参考价格支持水平，惜售粮食产品，市场价格会逐步向价格支持水平回升；若此时市场价格明显高于公布的价格支持水平，则买方会参考当年价格支持水平，进行压价，促使市场价格向支持水平回归。这样的预期往往能贯穿整个市场年度，通过干预买卖双方市场博弈，引导市场价格向价格支持水平回归。在某些年份，最低收购价政策预案没有启动执行，即市场价格一直位于最低收购价之上，这种情形往往是价格支持政策通过形成市场预期、稳定市场信心、引导市场交易来起到支撑粮食价格的作用。因此不能依据最低收购价执行预案没有启动，就轻易否定价格支持政策的积极作用。此外，全国粮食市场是个统一开发的市场，对局部地区粮食市场的干预，最终会通过地区间的价格传递而影响到其他地区，因此粮食价格支持政策对非政策覆盖地区的粮食价格也能产生一定影响（李雪等，2018）。

总之，当前我国粮食价格支持政策对粮食价格的作用机制主要有两个方面：一是通过市场买进、卖出等干预手段，改变市场供求状况来支撑粮食市场价格。对于最低收购价政策，当粮食价格下跌至最低收购价水平时，政府通过入市购买增加市场需求，支撑粮食价格；对于临时收储政策，则是通过价格低时买入、价格高时卖出的手段来平稳市场价格。二是通过提前公布价格支持水平，释放市场信号，形成市场预期，改变买卖双方市场博弈，最终影响粮食市场价格走向（钱加荣，赵芝俊，2019）。

5.3 价格支持政策对粮食市场价格影响的实证分析

5.3.1 模型设定

考虑粮食价格的主要影响因素并结合数据的可获得性，建立如下粮食价格多元回归模型：

$$\ln P_{ikt} = C + \beta_1 \ln C_{ikt} + \beta_2 \ln M_{ikt} + \beta_3 \ln Y_{ikt} + e_{it} \quad (5-1)$$

式中，P 表示农户粮食出售价格；C 表示粮食生产成本，对粮食价格具有抬升作用，是粮食价格重要影响因素；M 代表国家每年公布的粮食最低收购价或临时收储价，根据前文分析，其可通过形成市场预期、直接市场干预以及地区间传递对粮食价格产生正向影响，因此系数符号预期为正；Y 代表粮食供给，因部分粮食品种省级产量数据缺失，此处以粮食单产水平替代产量作为供给变量，粮食供给对粮食价格产生负向影响，其系数符号预期为负；i 代表省（区、市）；k 表示粮食品种，即早籼稻、中籼稻、晚籼稻、粳稻、小麦和玉米；t 为年份；β 为待估计参数，各变量取自然对数形式，β 即为变量所对应的弹性系数；e 为误差项。鉴于粮食支持政策对粮食市场价格形成强有力的支撑，削减了国际粮食市场价格波动等因素对国内粮价的影响（谭砚文，2014；贾娟琪等，2016），因此粮食价格方程中未考虑国际粮食价格变化对国内粮食价格的冲击以及粮食价格之间的相互影响。

2016 年政府取消玉米临时收储政策。取消玉米临时收储政策后，玉米市场价格影响因素中减少了价格支持政策因素，玉米生产成本和供给对玉米价格的影响效应将发生变化，相关变量的影响效应将增强。采取水稻和小麦同样结构的价格方程，在技术上不能较好实现模拟分析玉米临时收储政策取消的综合影响，因此需针对玉米临时收储政策，单独构建玉米价格方程。考虑通过引入政策虚拟变量，建立如下玉米价格方程：

$$\ln P_{it} = C + \alpha_1 \ln C_{it} + \alpha_2 DM \ln C_{it} + \beta_1 \ln Y_{it} + \beta_2 DM \ln Y_{it} + \theta DM_t + e_{it}$$

$$(5-2)$$

式中，P 表示农户玉米出售价格；DM 为玉米临时收储政策虚拟变量，执行玉米临时收储政策时变量赋值为 1，政策取消时赋值为 0；玉米临时收储政策对玉米市场价格有正向影响，该政策虚拟变量系数 θ 预期为正，代表玉米临时收储政策执行对玉米价格的影响程度；C 表示玉米生产成本，其系数 α_1 符号预期为正，当玉米临时收储政策执行时，生产成本对价格的影响效应将变小，因此成本与虚拟变量交叉项系数 α_2 符号预期为负；与前文一致，取玉米单产变量 Y 代表各地区玉米供给，其系数 β_1 符号预期为负，当玉米临时收储政策执行时供给对价格的影响效应将变弱，故供给与虚拟变量交叉项系数 β_2 符号预期为正；i 代表省（区、市）；t 为年份；α、β、θ 为待估计参数；e 为误差项。成本和供给变量取自然对数形式，各系数代表对应的弹性值；当玉米临时收储政策执行时，玉米价格对成本的弹性值等于（$\alpha_1 + \alpha_2$），对单产的反应弹性为（$\beta_1 + \beta_2$）；当玉米临时收储政策取消时，玉米价格对成本的弹性值为 α_1，对供给的反应弹性值为 β_1。

5.3.2 数据

采用省级面板数据对模型进行估计，年度区间为：稻谷（早籼稻、中籼稻、晚籼稻、粳稻），2004—2016 年；小麦，2006—2016 年；玉米，2013—2016 年。农户粮食出售价格（元/50 千克）、生产成本（元/亩）、单产（千克/亩）等数据来源于历年《全国农产品成本收益资料汇编》；历年稻谷和小麦最低收购价（元/50 千克）、玉米临时收储价格（元/50 千克）来源于国家发展和改革委员会。早籼稻、中籼稻、晚籼稻和粳稻最低收购价为各自历年最低收购价；小麦最低收购价为白小麦、红小麦和混合麦最低收购价的平均值（2012 年以后不同小麦品种执行相同收购价格标准）；每年玉米临时收储价格取各政策执行地区收储价格的平均值。

表 5-1　数据年度及省（区、市）分布

作物	时间	地区	地区数量	样本量
早籼稻	2004—2016 年	浙江、安徽、福建、江西、湖北、湖南、广东、广西、海南	9	117
中籼稻	2004—2016 年	江苏、安徽、福建、河南、湖北、湖南、重庆、四川、贵州、陕西	10	130
晚籼稻	2004—2016 年	浙江、安徽、福建、江西、湖北、湖南、广东、广西、海南	9	117
粳稻	2004—2016 年	河北、内蒙古、辽宁、吉林、黑龙江、江苏、浙江、安徽、山东、河南、湖北、云南、宁夏	13	169
小麦	2006—2016 年	河北、山西、内蒙古、黑龙江、江苏、安徽、山东、河南、湖北、四川、云南、山西、甘肃、宁夏、新疆	15	165
玉米	2013—2016 年	河北、山西、内蒙古、辽宁、吉林、黑龙江、江苏、安徽、山东、河南、湖北、广西、重庆、四川、贵州、云南、陕西、甘肃、宁夏、新疆	20	80

5.3.3　模型估计结果

可行广义最小二乘法（FGLS）可处理组内自相关或组间同期相关问题，能够有效改善估计结果，故采用 FGLS 方法估计粮食价格方程。为了考察价格支持政策对政策执行地区和非执行地区稻谷和小麦价格的影响，分析将稻谷和小麦的数据样本分为政策执行地区、非政策执行地区及总体样本三类，并对各样本分别进行估计。样本 1 采用非政策执行地区数据，分析价格支持政策对非政策执行地区粮食价格的影响；样本 2 对政策执行地区样本数据进行拟合，考察价格支持政策对政策执行地区粮食价格的影响；总样本包括政策执行地区和非执行地区样本数据，分析价格支持政策对全国总体粮食价格水平的影响。

虽然模型未考虑国际价格传递和不同品种价格间的相互影响，各价格方程的拟合优度仍较高，模型较好地解释了粮食价格的变动。稻谷和小麦价格方程估计结果中，价格支持政策变量符号为正，在各价格方程中均通过 1％显著性水平检验，表明粮食价格支持政策对国内粮食价格产生显著影响，不仅有效影响政策执行地区粮食价格，对非政策执行地区粮食价格也产生明显的正向影响。在晚籼稻样本 1 和小麦样本 2 的估计结果中，供给变量单产的符号为正、与预期不符，原因可能是样本量相对较少，变量间存在一定程度的共线性，但在各自的总样本模型中，供给变量符号均为负，符合预期且高度显著（表 5 - 2）。

从总样本数据估计结果来看，最低收购价每提高 1％，早籼稻、中籼稻、晚籼稻、粳稻、稻谷和小麦的农户出售价格将分别提高 0.384％、0.641％、0.213％、0.592％、0.571％ 和 0.517％，即早籼稻、中籼稻、晚籼稻、粳稻、稻谷和小麦的农户出售价格对各自最低收购价的反应弹性分别为 0.384、0.641、0.213、0.592、0.571 和 0.517。从弹性值来看，中籼稻、粳稻、稻谷和小麦的弹性值较大，均在 0.5 以上；而早籼稻和晚籼稻的反应弹性较小，其生产价格对价格支持水平的反应程度相对较小（表 5 - 2）。

表 5 - 2　稻谷、小麦价格方程估计结果

变量	早籼稻			中籼稻		
	样本 1	样本 2	总样本	样本 1	样本 2	总样本
常数项	1. 712 (0. 65)***	0. 643 (0. 46)	0. 911 (0. 20)***	1. 845 (0. 51)***	0. 859 (0. 31)***	0. 906 (0. 23)***
lnC	0. 211 (0. 05)***	0. 463 (0. 04)***	0. 348 (0. 02)***	0. 119 (0. 03)***	0. 223 (0. 03)***	0. 179 (0. 01)***
lnM	0. 498 (0. 07)***	0. 309 (0. 06)***	0. 384 (0. 03)***	0. 797 (0. 08)***	0. 546 (0. 06)***	0. 641 (0. 04)***
lnQ	−0. 107 (0. 11)	−0. 070 (0. 08)	−0. 044 (0. 04)	−0. 262 (0. 07)***	−0. 028 (0. 04)	−0. 060 (0. 02)***
R^2	0. 92	0. 96	0. 91	0. 90	0. 87	0. 88
Obs.	52	65	117	52	78	130

变量	晚籼稻			粳稻		
	样本 1	样本 2	总样本	样本 1	样本 2	总样本
常数项	0. 627 (0. 31)**	2. 556 (0. 38)***	1. 362 (0. 15)***	2. 794 (0. 30)***	1. 397 (0. 23)***	1. 744 (0. 10)***
lnC	0. 254 (0. 05)***	0. 484 (0. 05)***	0. 497 (0. 02)***	0. 073 (0. 02)***	0. 208 (0. 02)***	0. 144 (0. 00)***
lnM	0. 480 (0. 09)***	0. 275 (0. 10)***	0. 213 (0. 05)***	0. 681 (0. 04)***	0. 550 (0. 05)***	0. 592 (0. 02)***
lnQ	0. 045 (0. 03)	−0. 371 (0. 05)***	−0. 138 (0. 01)***	−0. 268 (0. 05)***	−0. 092 (0. 03)***	−0. 110 (0. 01)***
R^2	0. 90	0. 92	0. 89	0. 89	0. 87	0. 87
Obs.	52	65	117	78	91	169

变量	稻谷			小麦		
	样本 1	样本 2	总样本	样本 1	样本 2	总样本
常数项	1. 415 (0. 14)***	0. 785 (0. 10)***	1. 302 (0. 13)***	0. 484 (0. 20)**	0. 811 (0. 25)***	1. 124 (0. 12)***
lnC	0. 095 (0. 01)***	0. 344 (0. 01)***	0. 210 (0. 01)***	0. 189 (0. 02)***	0. 267 (0. 03)***	0. 235 (0. 01)***

（续）

变量	稻谷			小麦		
	样本 1	样本 2	总样本	样本 1	样本 2	总样本
ln$M$	0.656	0.412	0.571	0.660	0.401	0.517
	(0.02)***	(0.02)***	(0.02)***	(0.05)***	(0.06)***	(0.03)***
ln$Q$	−0.056	−0.036	−0.099	−0.005	0.046	−0.058
	(0.02)***	(0.01)***	(0.02)***	(0.01)	(0.03)	(0.01)***
R^2	0.74	0.91	0.79	0.74	0.91	0.79
$Obs.$	234	299	533	99	66	165

注：＊＊＊、＊＊分别表示 1% 和 5% 显著性水平；R^2 为混合 OLS 估计下的调整 R 方。

各粮食总样本估计结果中，生产成本均高度显著，且系数符号为正，表明生产成本的提高对粮食价格有明显的抬升作用。早籼稻、中籼稻、晚籼稻、粳稻、稻谷和小麦的生产价格对生产成本的反应弹性分别为 0.348、0.179、0.497、0.144、0.210、0.235，除晚籼稻的成本系数高于支持价格系数，其他粮食品种的成本弹性均低于支持价格弹性，表明粮食价格对价格支持政策的反应更灵敏，一定程度上反映出价格支持政策对粮食价格的决定作用要大于生产成本。粮食供给对粮食价格有抑制作用，在稻谷和小麦的价格方程中，供给变量弹性系数较小，表明稻谷和小麦价格对供给量变化反应不大，主要原因可能和粮食最低收购价政策本身有关，政府在稻谷和小麦市场上的干预行为抵消了因粮食供给增加而带来的对粮食价格的负向影响（Qian，et al.，2018；Qian，et al.，2015），价格支持政策对粮食价格强有力的支撑作用削弱了包括供给在内的其他因素对粮食价格的影响（谭砚文，2014）。

表 5 - 3 为玉米价格方程估计结果，玉米成本、成本与政策虚拟变量的交叉项的系数符号与预期相符，且均通过了 1% 显著性检验水平，系数分别为 0.308 和−0.083，表明执行玉米临时收储政策时玉米价格对玉米成本的反应弹性为 0.225（两系数之和），当玉米临时收储政策

取消后，弹性值提升为 0.308。玉米单产变量符号为负，与理论预期相符，单产变量在 1% 水平上统计显著，系数值为 -0.256；单产与政策虚拟变量的交叉项符号为正，系数值为 0.015，但未通过显著性检验，鉴于其符号与预期相符，且系数大小在合理范围，因此可保留单产与政策虚拟变量交叉项。玉米临时收储政策执行时，玉米价格对单产的反应弹性为 -0.241（两系数之和）；当取消玉米临时收储政策时，单产对玉米价格的影响效应加强，反应弹性值变为 -0.256。玉米临时收储政策变量系数为 0.681，系数符号与预期相符，且在 5% 统计水平上显著，表明玉米临时收储政策对玉米市场价格有显著正向影响。

表 5-3　玉米价格方程估计结果

变量	系数	标准差	显著性水平
常数项	3.951***	0.298	0.000
$\ln C$	0.308***	0.024	0.000
$DM\ln C$	-0.083***	0.028	0.003
$\ln Y$	-0.256***	0.049	0.000
$DM\ln Y$	0.015	0.054	0.787
DM	0.681**	0.330	0.039

注：***、** 分别表示 1% 和 5% 显著性水平。

5.4　本章小结

价格支持政策是调控粮食生产、保障粮食安全的关键措施。为提高农民种粮积极性，扭转粮食产量连续下滑的局面，我国于 2004 年先后出台了稻谷、小麦最低收购价政策以及玉米临时收储政策。价格支持政策能够有效干预粮食市场价格是其政策目标得以实现的基本前提。本章分析了价格支持政策对粮食价格的作用机制，并采用面板数据实证分析价格支持政策对粮食市场价格的影响效应。价格支持政策对粮食价格的作用机制主要有两个方面：一是通过直接的市场干预手段，改变市场供求状况来支撑粮食市场价格；二是通过提前释放政策信号，形成市场预期，改变买卖双方交易博弈，对粮食市场价格产生影响。实证结果显示：价格支持政策对粮食市场价格的影响显著，早籼稻、中籼稻、晚籼稻、粳稻、稻谷和小麦对各自最低收购价的反应弹性分别为 0.384、0.641、0.213、0.592、0.571 和 0.517；在各主要影响因素中，价格支持政策变量的系数绝对值最大，其次为生产成本，而供给变量系数较小，一定程度上反映价格支持政策是决定当前我国粮食价格的最重要因素，生产成本因素次之，而粮食供给对粮食价格的影响程度有限，该结果与 Qian 等（2013）的研究结论相一致。研究表明粮食价格支持政策是决定粮食市场价格的最重要因素，且对政策覆盖地区和非执行地区的粮食价格均能产生显著影响，在调整和改革粮食价格支持政策时，需持审慎态度，避免粮价大幅波动给粮食市场带来巨大冲击。

　　本章研究的目的并不在于论证分析价格支持政策是否起到托市作用（价格支持政策的托市效果是显而易见，相关支撑研究较多），而在于厘清粮食价格支持政策对粮食市场价格的作用机制，实证分析价格支持对粮食价格的影响效应（弹性），为进一步采用均衡模型模拟分析价格支持政策改革调整的综合影响等提供必要的理论基础及参数依据。同时，考虑到调减稻谷、小麦最低收购价和取消玉米临时收储政策的模拟机制不同，本章采用引入虚拟变量的方式，单独构建了玉米价格方程，以便较为准确合理地模拟分析玉米临时收储政策取消给玉米供需及种植收益等带来的影响。

第6章 价格支持政策对粮食生产成本的影响

6.1 价格支持政策与粮食生产成本

2004 年我国开始执行稻谷最低收购价政策，当年各类稻谷平均最低收购价水平为 73.2 元/50 千克，2004—2007 年最低收购价水平保持不变；2008 年政府加大对稻谷生产支持力度，将稻谷平均最低收购价提高到 80.2 元/50 千克，每 50 千克较前期平均水平上调 7 元，上调幅度 9.6%；2009—2014 年，政府逐年提高稻谷最低收购价水平，2014 年稻谷平均最低收购价为 146 元/50 千克，较 2008 年增加 65.8 元/千克，累积上调 82%。在生产成本方面，最低收购价政策未执行时，我国稻谷生产成本总体呈下降趋势，2000—2003 年稻谷生产成本维持在 356 元/亩水平，4 年间年均变化率仅为 0.8%；2004—2007 年，价格支持政策开始执行并保持支持水平不变，该期间稻谷生产成本从 397.7 元/亩增加到 470.3 元/亩，每亩成本提高 72.6 元，增长 18.3%；2008—2014 年，最低收购价水平逐年提高，粮食生产成本增加速度明显加快，2014 年达到 970.5 元/亩，较 2008 年每亩成本提高 414.4 元，增长幅度达 74.5%。2015 年以后，政府停止上调稻谷最低收购价，稻谷生产成本上涨速度也明显放缓，但仍维持在 980 元/亩的高水平（表 6-1）。

表 6-1　我国粮食价格支持水平与生产成本

单位：元/亩，元/50 千克

年份	稻谷		小麦		玉米	
	支持价格	生产成本	支持价格	生产成本	支持价格	生产成本
2000	—	351.7	—	312.1	—	285.3
2001	—	352.5	—	283.1	—	288.8
2002	—	359.5	—	294.2	—	303.4
2003	—	360.1	—	288.0	—	297.7
2004	73.2	397.7	—	312.1	—	314.3
2005	73.2	427.0	—	337.7	—	324.5
2006	73.2	441.5	70.0	350.2	—	338.3
2007	73.2	470.3	70.0	369.7	—	358.5
2008	80.2	556.1	73.7	411.9	75.3	420.3
2009	93.2	560.6	84.3	463.1	75.3	433.7
2010	100.3	625.2	87.3	497.2	90.3	495.6
2011	116.7	737.3	93.7	583.0	99.3	603.9
2012	131.7	880.1	102.0	688.1	106.3	743.0
2013	142.0	957.8	112.0	760.9	112.3	815.1
2014	146.0	970.5	118.0	783.8	112.3	839.5
2015	145.7	987.3	118.0	784.6	100.0	844.9
2016	142.0	979.9	118.0	805.6	—	827.7

数据来源：历年《中国农村统计年鉴》；国家发展和改革委员会。

2006 年小麦最低收购价政策开始执行，当年小麦平均最低收购价水平为 70 元/50 千克，2007 年小麦最低收购价保持上年水平不变；2008 年政府将小麦平均最低收购价提高到 73.7 元/50 千克，较前期水平提高 3.7 元/50 千克，上调幅度约 5.3%；2009 年以后小麦最低收购价水平逐年提高，2014 年达到历史最高水平 118.0 元/50 千克，每 50千克价格较 2008 年高出 44.3 元，累计上调 60.1%。小麦生产成本表现出与稻谷成本相同的变化特征。2000—2005 年，小麦最低收购价政策未执行时，小麦生产成本相对稳定，每亩生产成本在 280~340 元波动；

2006—2007 年当小麦最低收购价政策开始执行并保持支持水平不变时，小麦生产成本开始出现明显上涨，从 2005 年的 337.7 元/亩上涨到 2007 年的 369.7 元/亩，累计上涨 9.5%；2008—2014 年，小麦最低收购价逐年提高，小麦生产成本增加速度显著加快，生产成本从 2008 年的 411.9 元/亩迅速增加到 2014 年的 783.8 元/亩，每亩生产成本净增加 371.9 元，增幅达到 90.3%。2014—2016 年，小麦最低收购价保持不变，小麦生产成本变化也趋于平稳（表 6 - 1）。

2008 年玉米临时收储政策开始实施，当年玉米生产成本出现大幅增加，从 2007 年的 358.5 元/亩提高到 420.3 元每亩，增幅为 17.2%；2009 年玉米临储价格维持 2008 年水平不变，玉米成本小幅增至 433.7 元/亩。2010—2013 年，国家逐年大幅提高玉米临时收储价格，玉米生产成本出现罕见快速上涨，4 年内快速攀升至 815.1 元/亩，较提价前 2009 年成本水平提高 87.9%。2013—2015 年，随着玉米临时收储价格保持稳定和下调，玉米生产成本增幅明显放缓，2015 年玉米生产成本为 844.9 元/亩，比 2013 年仅增加 3.7%。2016 年玉米临时收储政策正式取消，玉米生产成本首次出现下降，降至 827.7 元/亩，较 2015 年下降 2%（表 6 - 1）。

表 6 - 2 能较直观反映粮食价格支持水平与生产成本间的同步变化关系。表 6 - 2 将考察期分成三个阶段，第一阶段为未执行价格支持政策时期，稻谷为 2000—2003 年，小麦为 2000—2005 年，玉米为 2000—2007 年，该阶段稻谷、小麦和玉米生产成本的年均增长率分别为 0.8%、1.6% 和 3.3%；第二阶段为执行价格支持政策但价格支持水平保持不变时期，稻谷为 2004—2007 年，小麦为 2006—2007 年，玉米为 2008—2009 年，该时期稻谷、小麦和玉米生产成本年均增长率分别为 5.7%、5.6% 和 10%，分别较上一时期高出 4.9 个、4.0 个和 6.7 个百分点，可以看出价格支持政策出台后，粮食生产成本有了明显增加；第三阶段为最低收购价逐年提高时期，稻谷和小麦时期相同，均为

2008—2014年，玉米为2010—2013年，该阶段稻谷、小麦和玉米三类粮食品种生产成本的年均增长率分别高达9.7％、11.3％和17.1％，分别较第二阶段高出4.0个、5.7个和7.1个百分点，表明当政府逐年提高价格支持水平时，粮食生产成本增加速度明显加快。价格支持政策发布往往先于生产成本变化，二者之间同步变化关系在一定程度上反映了价格支持政策的执行可能是导致生产成本快速增加的重要原因。

表6-2　不同政策时期粮食生产成本增长率变化

单位：％

作物	无价格支持政策时期	价格支持水平保持不变时期	支持价格逐年提高时期
稻谷	0.8 （2000—2003年）	5.7 （2004—2007年）	9.7 （2008—2014年）
小麦	1.6 （2000—2005年）	5.6 （2006—2007年）	11.3 （2008—2014年）
玉米	3.3 （2000—2007年）	10.0 （2008—2009年）	17.1 （2010—2013年）

数据来源：作者计算整理。

关于农业生产成本的研究，大量研究表明单位面积生产成本和生产规模成反比例关系，随着生产规模的扩大，单位面积生产成本将减少（Mukhtar，Dawson，1990；Jabarin，Epplin，1994；Hosseinzad et al.，2009；谭淑豪，2011；卢华，胡浩，2015；李文明等，2015；王嫚嫚等，2017）。Klonsky和Karen（2011）强调有机农业的发展推高了农业生产成本。Nehring等（2010）分析了城市化进程与农业生产成本之间的关系，研究认为城市化进程会提高农业生产成本。一些学者的研究表明，基础设施建设有利于降低生产成本（Antle，1983；Aschauer，1989；Mamatzakis，2003；Romeo，Teruel，2005；吴清华等，2014；朱晶，晋乐，2016；李俊鹏等，2019）。姚季伦（2009）、刘强等（2017）认为农业机械及社会化生产服务的广泛采用有利于降低农业生产成本。一些研究则强调能源价格对生产成本有较大影响（陈汉圣，吕涛，1997；韩艳旗，王红玲，2008；蓝海涛，姜长云，2009）。马晓河（2011）对我国农业生产成本变化结构进行分析，指出种子费用、化肥投入、机械费用、劳动力成本和土地租金等是导致我国农产品生产成本上升的主要推动力量。截至目前，关于分析当前我国粮食价格支持政策对农业生产成本影响的研究仍较少见。

6.2　价格支持政策对粮食生产成本的作用机制

6.2.1　价格支持政策刺激单位要素投入

价格支持政策可通过改变农户要素使用行为来影响生产成本。该影响机制如图 6-1 所示，S_1 为初始等产量曲线（单产），C_1 为等成本曲线，农户在 E_1 均衡点安排农业生产，此时资本要素使用量为 K_1，劳动投入量为 L_1。当政府制定或逐步提高粮食支持价格水平时，农户为获得更多收益，将设法提高自己的产量水平，而我国户均耕地面积有限，扩大种植面积并不现实，为提高粮食产量，大部分农户只能通过采用精细化耕作方式，加大单位面积要素投入来提高单位面积产量水平，单位面积资本投入量将从 K_1 增加到 K_2，劳动投入量将从 L_1 增加到 L_2，单产水平则从原先的 S_1 提高到 S_2，此时的等成本曲线将从 C_1 增加到 C_2，粮食生产将在 E_2 点实现新的均衡（钱加荣，曹正伟，2017）。在实际中，价格支持政策执行后，单位面积要素投入量确有增加。以占生产成本约 30% 的化肥为例，20 世纪 90 年代初以来，化肥亩均使用量呈下降趋势，价格支持政策执行后，亩均化肥使用量开始逐步增加；统计数据显示，稻谷亩均化肥使用量从 2004 年的 19.5 千克/亩增加到 2016 年的 22.63 千克/亩，上升 16.1%；小麦亩均化肥投入量从 2006 年的 22.2 千克/亩增加到 2016 年的 27.4 千克/亩，增幅 23.4%；玉米亩均化肥投入量从 2008 年的 20.3 千克/亩增加到 2016 年的 24.8 千克/亩，上升 22.2%。

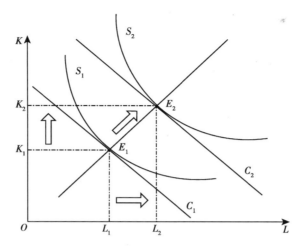

图 6-1　价格支持政策执行后农业要素（化肥）使用变化

6.2.2　价格支持政策刺激要素价格上涨

价格支持政策刺激要素价格大幅上涨，从而提升粮食亩均生产成本。一方面，价格支持政策刺激农业生产，加大了对农业投入要素的需求，随着要素需求的增加，要素价格不断上涨（蔺丽莉，2009）。另一方面，粮食价格支持政策所引致的要素市场投机行为，也是抬高要素价格的重要因素；价格支持政策出台将刺激农业生产，加大生产资料需求，在要素市场释放了利好信息，要素供应商便会趁机涨价，试图从中谋取更多利益；出现每当惠农政策出台，农资价格都快速跟进、普遍上涨现象（彭代彦等，2013）。

统计数据显示，20 世纪 90 年代中期到价格支持政策执行以前，农业生产要素价格一直表现为下降趋势，自 2004 年粮食价格支持政策出台后，要素价格明显上涨，2004 年当年生产资料价格指数较 2003 年上涨 10.6％；2008 年政府开始提高粮食价格支持水平，并于当年年初公布了提高后的稻谷最低收购价水平，当年生产资料价格出现大幅攀升，较 2007 年增长了 20.3％；2009 年生产资料价格虽有小幅回落，但 2010

年又紧随粮食价格支持水平一路上扬，直到 2013 年以后价格支持水平停止上调，要素价格才又相对平稳，并维持在较高水平。2013 年生产资料价格指数达到 347.2（1990 年价格指数＝100），较粮食价格支持政策执行前的 2003 年累积提高 88.4％（图 6-2）。

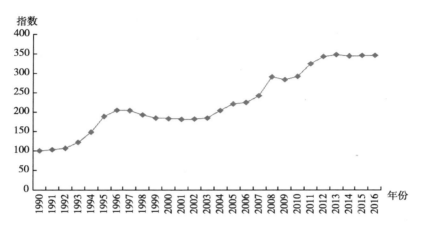

图 6-2　1990—2016 年生产资料价格指数累积变化（1990 年价格指数＝100）

数据来源：国家统计局。

6.3　价格支持政策与粮食生产成本关系的实证分析

6.3.1　模型方法

（1）面板单位根检验

面板单位检验采用 IPS（Im，Pesaran，Shin，2003）和 Fisher - ADF 方法（Maddala，Wu，1999），该方法放宽了面板数据同质性假定，允许各截面单元间存在异质性。

IPS 为每个截面单元定义了各自的 ADF 回归方程：

$$\Delta y_{it} = \alpha_i y_{it} + \sum_{j=1}^{n} \beta_{it} \Delta y_{it-j} + \gamma X_{it} + \varepsilon_{it} \qquad (6-1)$$

式中，y 为待检验变量；X 代表外生控制变量，包括固定效应和时间趋势项；α、β、γ 为待估计参数；ε 为误差项；i 表示截面单元；t 为年度。

检验的原假设为 H_0：$\alpha_i = 0$，i 包括所有截面单元。对各个单元各自的 ADF 方程进行回归后，构造一个平均 t 统计量：

$$\hat{t}_a = \frac{1}{n} \sum_{i=1}^{n} t_{a_i} \qquad (6-2)$$

那么，构造如下服从标准正态分布的 IPS 检验统计量：

$$Z_t = \frac{\hat{t}_a - E(\hat{t}_a)}{\sqrt{Var(\hat{t}_a)/n}} \qquad (6-3)$$

如果检验统计量大于临界值，即检验原假设被拒绝，表明检验面板序列不存在单位根，该序列为平稳序列；反之，则表明检验序列存在单位根，序列为不平稳序列。

Fisher - ADF 检验由 Maddala 和 Wu（1999）提出，该检验统计量在 Fisher（1932）检验结果的基础上，综合各单元单位根检验结果的 p -值构造而得。Fisher - ADF 检验的原假设和 IPS 检验相同，其检验统计量定义如下：

$$-2 \sum_{i=1}^{n} \ln\rho_i \sim x^2(2n) \qquad (6-4)$$

(2) 面板协整检验

研究拟采用 Pedroni 检验价格支持政策和粮食生产成本之间是否存在协整关系。Pedroni（1999，2004）将 Engle - Granger 协整检验理论方法拓展至面板数据，放宽检验原假设，允许各截面单元间存在异质性。检验方程如下：

$$y_{it} = \alpha_i + \delta_i t + \beta_i x_{it} + e_{it} \qquad (6-5)$$

式中，y 和 x 为同阶单整面板序列；α_i 和 δ_i 分别为各截面单元的固定效应系数和时间趋势项系数，根据需要可自由设置是否为零；e_{it} 为回归误差项。检验的原假设为变量间不存在协整关系，此时误差项 e_{it} 服从 I（1）过程，即误差项为非平稳序列。Pedroni 检验构造 7 个统计量来检验误差项是否为平稳序列。如果检验统计量未能拒绝检验原假设，即误

差项为 I（1）过程，表明检验变量间不存在协整关系；反之，若随机误差项为平稳序列，则二者存在协整关系。

（3）面板长期格兰杰因果检验

粮食价格支持政策和生产成本间长期关系方程定义如下：

$$\ln C_{it} = a_{01} + b_{1i} + \alpha_1 \ln M_{it} + e_{1it} \qquad (6-6)$$

$$\ln M_{it} = a_{02} + b_{2i} + \alpha_2 \ln C_{it} + e_{2it} \qquad (6-7)$$

式中，C 代表粮食生产成本，为单位面积生产成本投入；M 为历年粮食支持价格水平；i 为主要产粮地区；t 为年度；$\ln$ 表示取自然对数；e_1、e_2 为误差项；a、b 为待估计系数；系数 b_i 为各截面单元截距项。

因果关系检验用于确认变量间因果关系方向。本书中因果关系检验采用 Engle 和 Granger（1987）方法，建立误差修正模型（ECM）来实现因果检验的目的。因果关系检验方程的数学表达式如下：

$$\Delta \ln C_{it} = \alpha_{1i} + \sum_{k=1}^{n} \theta_{1k} \Delta \ln C_{i,t-k} + \sum_{k=1}^{n} \beta_{1k} \Delta \ln M_{i,t-k} + \gamma_1 e_{1i,t-1} + \mu_{1it}$$

$$(6-8)$$

$$\Delta \ln M_{it} = \alpha_{2i} + \sum_{k=1}^{n} \beta_{2k} \Delta \ln M_{i,t-k} + \sum_{k=1}^{n} \theta_{2k} \Delta \ln C_{i,t-k} + \gamma_2 e_{2i,t-1} + \mu_{2it}$$

$$(6-9)$$

式中，C 为单位面积粮食生产成本（元/亩）；M 为粮食价格支持水平（元/50 千克）；i 代表不同粮食生产地区；t 为年度；e_1 和 e_2 分别为协整关系方程式6-6和式6-7中的残差项；μ_1、μ_2 为新的残差项。α、β、θ、γ 为待估计参数。如果系数 β 统计显著，表明引入支持价格前期变化量有助于解释生产成本变化，价格支持政策变化则是生产成本变化的格兰杰原因；反之，亦然。同样，如果系数 θ 显著，表明引入前期生产成本变化量有助于解释支持价格水平变化，生产成本变化则是引起支持价格变化的格兰杰原因；反之，亦然。误差修正项（e_{it-1}）系数 γ 反映变量间长期格兰杰因果关系，如果 γ 和 β（或 θ）同时统计显著，则表明检验变量间存在长期格兰杰因果关系；反之，亦然。γ 预期符号为负，表示向长期均衡水平反向调整过程。γ 绝对值越大，则向长期均衡水平调整的速度越快；反之，亦然。

6.3.2　数据

采用不同稻谷品种的省级平衡面板数据对因果关系检验方程进行估计。稻谷生产成本是指一个生产周期内单位面积种子、化肥、农药、能源、直接劳动等要素费用投入，不包括土地成本。粮食生产成本（元/亩）数据来源于历年《全国农产品成本收益资料汇编》；粮食价格支持政策以政府公布的历年各类稻谷最低收购价衡量，最低收购价（元/50千克）数据来源于国家发展和改革委员会。鉴于因果关系检验要求变量保持一定变化，而 2004—2007 年和 2014 年以后各粮食最低收购价保持不变，因此研究的年度区间选取 2007—2014 年，该期间内政府逐年提高稻谷支持价水平。稻谷包括早籼稻、中籼稻、晚籼稻和粳稻 4 类稻谷品种。截面为各稻谷品种生产省份（早籼稻，9 省份；中籼稻，11 省份；晚籼稻，9 省份；粳稻，13 省份）。最低收购价和生产成本均为实际值，以各省份 2007 年不变价格衡量（表 6 - 3）。

表 6 - 3　各粮食作物生产省份及样本量

品种	主产省份	省区数量	样本量
早籼稻	浙江、安徽、福建、江西、湖北、湖南、广东、广西、海南	9	72
中籼稻	江苏、安徽、福建、河南、湖北、湖南、重庆、四川、贵州、云南、陕西	11	88
晚籼稻	浙江、安徽、福建、江西、湖北、湖南、广东、广西、海南	9	72
粳稻	河北、内蒙古、辽宁、吉林、黑龙江、江苏、浙江、安徽、山东、河南、湖北、云南、宁夏	13	104
稻谷	合计	42	336

6.3.3 实证结果

(1) 面板单位根检验结果

面板单位根检验结果如表 6-4 所示，IPS 和 Fisher-ADF 量指标统计量均未拒绝最低收购价（lnM）和生产成本（lnC）的水平值，表明两面板序列均存在单位根，均为非平稳序列。两变量的一阶差分序列均拒绝存在单位根的检验原假设，表明最低收购价和生产成本的一阶差分序列不存在单位根，均为平稳序列。稻谷最低收购价和生产成本序列均服从 $I(1)$ 过程，满足面板协整检验和面板因果关系检验的基本条件。

表 6-4　单位根检验结果

H_0：存在单位根	水平值		一阶差分值	
	IPS	ADF-Fisher	IPS	ADF-Fisher
lnC	3.46	27.65	-2.03**	111.29**
lnM	1.94	36.82	-3.18***	134.18***

注：***、**、* 分别代表 1%、5% 和 10% 显著性水平。

(2) 面板协整检验结果

采用 Pedroni 检验法考察价格支持政策（lnM）和粮食生产成本（lnC）间是否存在协整关系，该检验可进一步佐证因果关系检验。Pedroni 检验采用 7 个统计量来检验面板序列间是否存在协整关系，7 个统计量指标分别为面板 v-值（$P-v$）、面板 rho-值（$P-rho$）、面板 PP-值（$P-PP$）、面板 ADF-值（$P-ADF$）、分组 rho-值（$G-rho$）、分组 PP-值（$G-PP$）和分组 ADF-值（$G-ADF$），其中 ADF 统计量是检验变量是否存在协整关系的关键指标。根据 Pedroni 协整检验结果，$Panel-ADF$ 和 $Group-ADF$ 量统计量均在 1% 统计显著性水平上高度拒绝不存在协整关系的原假设，表明价格支持和生产成本间存在协整关系；此外，根据辅助性的 Kao 检验（Kao，1999），检验结果也在 1% 显著性水平上高度拒绝不存在协整关系的检验原假设，起到了辅助验证 Pedroni 检验结果的作用（表 6-5）。综合来看，可以得出价格支持和生产成本间存在协整关系的结论。协整关系的存在表明粮食价格支持和生产成本间存在长期均衡关系，但二者间的因果关系方向仍不明确，需要通过因果关系检验进一步加以确定。

表 6-5 价格支持（lnM）和生产成本（lnC）面板协整检验结果

Pedroni 检验				Kao 检验
Panel-PP	Panel-ADF	Group-PP	Group-ADF	K-ADF
-11.87***	-9.56***	-18.04***	-9.75***	-8.27***

注：***、**、*分别代表 1%、5% 和 10% 统计显著性水平。

在确定了价格支持和生产成本间存在协整关系后，便可对协整方程式 6-6 和式 6-7 进行回归，回归结果如表 6-6 所示，价格支持变量和生产成本变量在各自协整方程中均统计显著，系数符号为正，价格支持政策变量（lnM）系数要大于生产成本（lnC）系数，表明生产成本对价格支持政策的反应更为敏感。

表 6-6 长期协整关系方程估计结果（固定效应）

因变量：lnC		因变量：lnM	
常数项	lnM	常数项	lnC
1.360***	1.126***	-0.509***	0.782***
(0.113)	(0.025)	(0.112)	(0.017)

注：***、**、*分别代表 1%、5% 和 10% 统计显著性水平；括号中数值为标准差。

（3）面板格兰杰检验结果

在确立价格支持政策和生产成本存在协整关系后，便可采用格兰杰因果关系检验进一步分析价格支持和生产成本间因果影响的方向。本部分基于省级面板数据，采用误差修正模型（Error Correction Model）实现因果关系检验；为节约自由度，因果检验的滞后期数选择为 2 年

(Hayashi，2000；Greene，2003；Hassaballa，2014)。格兰杰因果关系检验的结果显示，在价格支持对生产成本的因果关系方程中，价格支持差分变量（$\Delta \ln M$）均在1％显著性水平上显著，高度拒绝了价格支持变量系数为零的假设，表明价格支持政策短期内是导致生产成本变化的格兰杰原因；同样，在生产成本对价格支持政策变量的因果关系方程中，生产成本差分变量（$\Delta \ln M$）也都通过5％及以上的显著性检验，拒绝零假设，表明生产成本是导致价格支持水平变化的短期格兰杰原因，这一检验结果和当前政府参照生产成本确定粮食价格支持水平的基本事实相吻合。

检验方程中的误差修正项反映变量间长期因果关系。在从价格支持向生产成本、生产成本向价格支持两因果关系方程中，误差修正项均在1％水平高度显著，且符号为负，符合反向调整预期，表明价格支持和生产成本之间存在双向的长期因果关系。两方程中误差项系数分别为－0.541和－0.293，一年内分别完成调整的54.1％和29.3％；换言之，短期向长期的调整过程分别需1.8（1/0.541）年和3.4（1/0.293）年，生产成本对价格支持影响的调整时间较长，调整速度相对较慢；而价格支持对生产成本影响从短期向长期调整的时间较短，调整速度较快。

表6-7 格兰杰因果关系检验结果

因变量	自变量						R^2	Obs.
	常数项	$\Delta \ln C_{t-1}$	$\Delta \ln C_{t-2}$	$\Delta \ln M_{t-1}$	$\Delta \ln M_{t-2}$	E_{t-1}		
$\Delta \ln C$	0.133*** (0.019)	0.258*** (0.076)	−0.187** (0.075)	−0.118*** (0.114)	−0.279*** (0.092)	−0.541*** (0.086)	0.288	205
$\Delta \ln M$	0.094*** (0.013)	0.106** (0.047)	−0.352*** (0.046)	0.274*** (0.074)	−0.125** (0.062)	−0.293*** (0.071)	0.330	205

注：***、**、*分别表示1％、5％和10％显著性水平；括号中数值为标准差。

实证分析结果表明价格支持政策是助推生产成本上升的重要原因，印证了前文关于价格支持政策作用机制的分析。价格支持政策主要通过引导农户增加要素投入和刺激要素价格来提高粮食生产成本。当粮食生产成本提高时，为确保种粮农户仍能从粮食生产中获得一定收益，政府选择提高粮食价格支持水平，提高价格支持水平又进一步刺激生产成本增加，当生产成本再次增加时，政府又进一步提高粮食价格支持水平，如此便在价格支持和生产成本间形成了相互助推的恶性循环，最终导致高价格支持和高生产成本同时并存的局面，不仅削弱了农户潜在收益，也使得中国农业生产缺乏效率，在国际市场上失去竞争力。未来粮食价格支持政策改革应致力避免影响农户要素使用行为；使价格支持水平的确定与粮食生产成本脱钩，打破价格支持与生产成本间相互助推的恶性循环；同时还应积极采取农业生产要素价格管控措施，防止要素价格过快上涨。

6.4　价格支持政策对粮食生产成本的影响分析

6.4.1　自回归分布滞后模型（ARDL）

当两变量间的关系确定，且有足够大的样本容量时，自回归分布滞后模型（ARDL）是考察两者数量变化关系的理想方法。本节建立价格支持水平和生产成本的自回归分布滞后模型，实证分析价格支持水平对生产成本的影响效应。为确保样本数量，采用面板数据估计模型系数，面板 ARDL 模型结构如下：

$$\ln C_{it} = c + \alpha_j \sum_{j=1}^{n} \ln C_{it-j} + \beta_j \sum_{j=0}^{n} \ln M_{it-j} + e_{it} \qquad (6-10)$$

式中，$\ln C$ 为粮食生产成本自然对数形式；$\ln M$ 为粮食最低收购价自然对数形式，α、β 为待估计参数；c 为常数项；i 代表粮食生产地区；t 为年度；e 为残差项。从模型形式可知，该模型为动态面板数据模型。

同样，为成功模拟分析玉米临时收储政策取消的影响，通过引入政策虚拟变量，单独构建玉米生产成本方程：

$$\ln C_{it} = c + \alpha_1 \ln C_{it-1} + \alpha_2 DM \ln C_{it-1} + \beta_1 DM + e_{it} \quad (6-11)$$

式中，$\ln C$ 为玉米生产成本自然对数形式；DM 为玉米临时收储政策虚拟变量，表示政策执行与否，衡量政策执行对玉米生产成本的平均影响效应；α、β 为待估计参数；c 为常数项；i 代表玉米生产地区；t 为年度；e 为残差项。因采用面板数据分析，该模型也为动态面板数据模型。

6.4.2 模型数据

估计 ARDL 模型需要足够大的数据样本量，本节采用省级面板数据对 ARDL 模型进行估计。为便于后面章节稻谷和小麦供需均衡模型的构建，本节侧重考察最低收购价政策对稻谷和小麦的平均影响效应。稻谷的估算样本为早籼稻、中籼稻、晚籼稻和粳稻四类稻谷品种的混合样本，数据的时间跨度为 2004—2016 年，省级截面数为 42，相同省区的不同稻谷品种按不同截面处理，如安徽省有早籼稻、中籼稻、晚籼稻种植，此时应计为 3 个不同的截面单元；小麦面板数据的时间为 2006—2016 年，省级截面数为 15（表 6-8）。与因果关系检验部分的数据相同，粮食生产成本（元/亩）数据来源于历年《全国农产品成本收益资料汇编》，粮食价格支持数据为历年政府公布的稻谷、小麦最低收购价，来源于国家发展和改革委员会。

表 6-8 各粮食作物生产省份及样本量

作物	生产省份	截面数量	样本量
稻谷 （2004—2016 年）	河北、内蒙古、辽宁、吉林、黑龙江、江苏、浙江、安徽、福建、江西、山东、河南、湖北、湖南、广东、广西、海南、重庆、四川、贵州、云南、陕西、宁夏	42	546
小麦 （2006—2016 年）	河北、山西、内蒙古、黑龙江、江苏、安徽、山东、河南、湖北、四川、云南、陕西、甘肃、宁夏、新疆	15	165
玉米 （2008—2016 年）	河北、山西、内蒙古、辽宁、吉林、黑龙江、江苏、安徽、山东、河南、湖北、广西、重庆、四川、贵州、云南、陕西、甘肃、宁夏、新疆	20	180

6.4.3　估计结果

动态面板数据模型往往存在一定的内生性问题，即残差序列与滞后变量存在相关性，导致传统的最小二乘法估计结果可能产生偏误，本节采用 A-Bond 广义矩估计法（GMM）对模型估计加以改进，以克服内生性影响。A-Bond GMM 估计结果如表 6-9 所示，表中也列示了最小二乘法估计结果，用来对比参照。当引入 1 阶滞后变量时，所有变量显著，且拟合值较高，达到 0.97。当滞后阶数选择为 2 时，二阶滞后变量未通过统计显著性检验，且拟合值出现下降，因此自回归分布滞后模型的滞后阶数选择为 1。

表 6-9　分布滞后（ARDL）模型估计结果

变量	稻谷		小麦	
	OLS	A-Bond GMM	OLS	A-Bond GMM
常数项	0.579 (0.059)***	0.691 (0.083)***	0.335 (0.126)***	0.049 (0.305)
$\ln C_{t-1}$	0.604 (0.037)***	0.439 (0.034)***	0.801 (0.067)***	0.414 (0.164)**
$\ln M$	0.738 (0.056)***	0.837 (0.040)***	0.737 (0.128)***	1.055 (0.200)***
$\ln M_{t-1}$	−0.297 (0.057)***	−0.190 (0.083)***	−0.524 (0.121)***	−0.244 (0.123)**
$Adj-R^2$	0.97	—	0.97	—
Obs.	499	499	150	150

注：***、**分别代表 1% 和 5% 显著性水平。

A-Bond GMM 估计结果中，稻谷和小麦的最低收购价均通过 5% 显著性检验水平，稻谷当期最低收购价变量系数值为 0.837，滞后 1 期系数为 −0.297，两者之和代表稻谷最低收购价对生产成本的长期乘数效应，即长期均衡弹性为 0.540；小麦当期最低收购价变量系数为

1.055，滞后 1 期系数为－0.244，小麦最低收购价对生产成本的长期乘数效应即弹性值为 0.811。相较于稻谷，小麦生产成本对最低收购价的反应弹性较大，最低收购价政策对小麦生产成本的影响更为显著。

玉米成本方程 A-Bond GMM 估计结果如表 6-10 所示。成本滞后 1 期变量在 1% 显著水平上统计显著，系数为 0.340，政策虚拟变量和成本滞后 1 期交叉项系数为－0.068，系数符号符合预期，且通过 5% 显著性水平检验。当玉米临时收储政策实施时，玉米生产成本对上期成本的反应弹性为 0.272；当该政策取消后，成本反应弹性上升为 0.340。玉米临时收储政策变量系数为 0.482，在 5% 显著性水平上统计显著，表明临时收储政策实施对玉米生产成本有正向作用。

表 6-10　玉米价格方程估计结果

变量	系数	标准差	显著性水平
常数项	4.487***	0.611	0.000
$\ln C_{t-1}$	0.340***	0.089	0.000
$DM\ln C_{t-1}$	－0.068**	0.035	0.049
DM	0.482**	0.237	0.041

注：＊＊＊、＊＊分别代表 1% 和 5% 显著性水平。

在确定价格支持政策和生产成本之间存在协整及因果关系后，本节基于面板数据，采用 ARDL 模型实证考察价格支持政策对粮食生产成本的影响效应，模型估计结果显示，价格支持政策变量在成本方程中高度显著，综合影响方向为正，表明价格支持政策对粮食生产成本具有正向影响，是导致我国粮食生产成本攀升的重要因素。本节估计结果为谷物均衡模型构建提供重要参数依据。

6.5　本章小结

在政府出台粮食价格支持政策并逐年提高粮食价格支持水平的同

时，我国农业生产成本也出现了快速攀升。本章采用因果关系检验方法分析价格支持政策与粮食生产成本之间的因果关系，确立了价格支持政策是粮食生产成本变化的重要因素；通过建立自回归滞后模型，实证考察了价格支持水平对粮食生产成本的影响效应。研究结果显示，稻谷和小麦生产成本对各自最低收购价的反应弹性分别为 0.540 和 0.811，价格支持政策是推动我国粮食生产成本攀升的重要影响因素。

政府制定粮食价格支持政策的初衷是稳定粮食生产、保障农民利益，该政策无意中却刺激了粮食生产成本大幅攀升。然后，政府却又参照生产成本变化确定价格支持水平，每当成本明显增加时，政府出于保障农民收益又进一步提高价格支持水平，由此在价格支持和生产成本间形成了相互助推的恶性循环。价格支持和生产成本间相互助推，逐步抬升了我国粮食价格支持水平和粮食生产成本，增加的生产成本不仅抵消了农户因价格支持水平提高而带来的潜在收入增加，在面临国外优质低价的农产品时，较高的生产成本和粮食价格也使得我国粮食产品在国际市场上不具备竞争优势，对我国农业高质量发展构成重大挑战。

未来我国粮食价格支持政策的改革应充分考虑成本因素，避免政策影响农户要素投入使用，要设法控制要素价格过快上涨；最重要的是要打破价格支持水平与生产成本之间的关联，让价格支持水平不再参考生产成本的变化而动态调整。针对减少农业要素使用，可执行相应的奖励、补贴等配套辅助性措施。本章研究对挖掘成本上涨成因、控制和降低生产成本、丰富生产成本相关研究文献有积极贡献，具有一定创新性及重要政策意义。

第 7 章　基于价格支持政策评价的粮食供需均衡模型

本章基于局部均衡理论和当前我国粮食价格支持政策直接作用机制，构建中国稻米、小麦和玉米供需局部均衡模型，通过引入价格支持政策变量，实现价格支持政策与粮食市场供需模块有机衔接。该模型主要针对当前我国粮食价格支持政策评价，为后续章节模拟分析粮食价格支持政策调整对粮食市场供求、粮食安全状况及农户种粮收益的潜在影响提供分析工具。

7.1　局部均衡分析研究简述

局部均衡模型被广泛应用于农业政策分析和农产品市场展望。Mei-ke 和 Griffith（1983）以内生变量的形式将政策变量引入大豆/油菜籽国际贸易模型，并通过模拟试验发现内生政策变量模拟结果要优于外生政策变量。Song 和 Carter（1996）构建美国籼米和粳米均衡模型，模拟分析了不同面积削减政策对稻农收入和政府财政支出的影响。黄季焜和李宁辉（2003）开发了中国农业政策模拟和预测模型（CAPSiM），模型中价格可以设置为内生变量也可以设置为外生变量，模型参数多根据估计结果得到，能够较客观地反映中国实际情况，该模型在农业政策模拟和农产品供求预测方面有着广泛应用（廖永松，2004；黄季焜等，2005；刘宇等，2009）。陈永福等（2004，2005）建立农产品供求均衡模型，对我国主要农产品供求状况进行预测分析。陈永福和刘春成

（2008）基于局部均衡模型对我国杂粮供求状况进行预测分析。钱小平和陈永福（2008）建立了世界大米均衡模型对国际大米的供求状况进行预测，模型考虑了气候变化对大米市场供求及价格的影响。Lee 和 Kennedy（2007）基于公共选择理论构建了大米局部均衡模型，并模拟分析了美国贸易政策对日韩大米进口的影响，研究发现当美国对日韩大米进口关税降低 4% 时，贸易市场能达到纳什均衡状态。曹宝明和赵霞（2011）基于局部均衡理论构建了我国大豆及其制品供求模型，采用 ARIMA 模型对模型中的外生变量进行预测，并将外生变量预测结果代入供求模型，分析预测了我国大豆及其制品的市场供需变化趋势。Antoine 等（2014）构建国际油籽价值链局部均衡模型，考察取消差别化税率对阿根廷和印度尼西亚油籽市场的影响。Kozicka 等（2017）建立印度大米和小麦动态局部均衡模型，模拟分析了国家粮食安全法案的不同政策措施对大米、小麦库存量及政策资金成本的影响。

7.2 粮食供需均衡模型基本结构

粮食局部均衡模型分为五个部分：生产模块、消费模块、贸易模块、价格和成本联系、市场出清。

7.2.1 生产模块

粮食播种面积和单产的变化对自身价格反应较灵敏（Qian et al.，2018）；基于适应性预期的 Nerlove 供给反应方程含有谷物自身价格变量，该供给反应方程解释能力较强，能够较好分析价格政策对粮食生产的影响，在农业经济研究中具有广泛应用（Nerlove，1956；French，Mathews，1971；Froster，Mwananmo，1995；Mushtaq，Dawson，2002；Vitale et al.，2009；Yu et al.，2012）。因此，粮食生产模块定义为 Nerlove 供给反应形式。总体上，粮食生产模块分为播种面积方程和单产方程两个部分,粮食产量是播种面积和单产水平的乘积。粮食播种面积是关于滞后 1 期播种面积、滞后 1 期粮食生产价格、竞争产品价格、农业补贴及时间趋势项等的方程;单产是关于滞后 1 期单产、滞后 1 期粮食生产价格、补贴变量、投入要素价格及时间趋势项等的方程。粮食生产模块具体模型结构如下:

$$\ln A_{it} = f(\ln A_{it-1}, \ln P_{it-1}, \ln S_t, \ln PC_t, T) \qquad (7-1)$$

$$\ln Y_{it} = f(\ln Y_{it-1}, \ln P_{it-1}, \ln S_t, \ln PF_t, T) \qquad (7-2)$$

$$QP_{it} = A_{it} \times Y_{it} \qquad (7-3)$$

式中,A 和 Y 分别代表谷物播种面积和单产;P 为粮食生产价格(元/50 千克);PC 为竞争作物生产价格(元/50 千克);PF 为相关投入品价格(指数价格);S 为农业补贴总额(亿元);T 为时间趋势项;QP 代表粮食产量(万吨);i 表示粮食作物品种,即稻谷、小麦和玉米;t 为年度。

7.2.2 消费模块

粮食消费主要分为食用消费、饲用消费、种用消费及其他消费,其他消费包括加工及损耗。消费模块整体基于凯恩斯的消费理论建立,引入粮食消费价格、相关替代品价格和居民人均收入等重要解释变量;近年我国粮食消费需求变化和肉类价格密切相关(Qian et al.,2013),消费方程中也引入了肉类价格变量。种用消费由每亩种子使用量和播种面积的乘积决定。总体上,粮食食用消费和饲用消费均以人均占有量表示,二者均是关于粮食消费价格、国民人均收入、肉类价格、代替品价格等的方程;种用消费由单位面积种子用量和播种面积的乘积确定。三类主粮的其他消费量所占比重较小,模型中未做具体定义,在模拟分析时以确定值计入总消费方程。粮食总消费等于食用消费、饲用消费、种用消费及其他消费之和。根据数据的可获得性和粮食自身消费结构的特点,稻米、小麦和玉米的消费模块略有不同。

消费模块的基本形式如下：

$$\ln Qfood_{it} = f(\ln CP_{it}, \ln IN_t, \ln PM_t, \ln PS_t) \quad (7-4)$$

$$\ln Qfeed_{it} = f(\ln CP_{it}, \ln IN_t, \ln PM_t, \ln PS_t) \quad (7-5)$$

$$\ln QSeed_{it} = f(\ln A_{it}) \quad (7-6)$$

$$QC_{it} = (Qfood_{it} + Qfeed_{it}) \times POP_t + QSeed_{it} + Qother_{it}$$

$$(7-7)$$

式中，$Qfood$ 代表食用粮食人均占有量（千克/人）；$Qfeed$ 代表饲用粮食人均占有量（千克/人）；$Qseed$ 代表种用需求量（万吨）；QC 代表粮食总消费量（万吨）；CP 为粮食消费价格，以批发市场价格表示（元/50 千克）；IN 为我国居民人均收入水平，以人均 GDP 表示（元）；PM 为肉类价格指数；PS 代表相关替代品批发价格（元/50 千克）；POP 为我国人口数量（万人）；i 代表粮食作物品种，即稻谷、小麦和玉米；t 为年度。

7.2.3　贸易模块

贸易模块由进口和出口两部分组成。通常粮食进出口受国际粮食价格、国内粮食供需状况、货币汇率等因素影响，当前国内粮食价格较高，对我国粮食进出口产生较大影响；除上述因素，贸易方程中还引入了国内粮食价格。总体上，粮食进出口是关于国内粮食批发价格、国际粮食价格、国内粮食需求量和生产量比值、人民币兑美元汇率等变量的方程。我国政府对粮食进口采取配额管理，进口方程假定进口未超出进口配额，相关模拟分析也在配额范围内进行。

贸易模块数学表达式如下：

$$\ln QI_{it} = f(\ln CP_{it}, \ln IP_{it}, \ln(\frac{QC}{PD})_{it}, \ln ER_t) \quad (7-8)$$

$$\ln QE_{it} = f(\ln CP_{it}, \ln IP_{it}, \ln(\frac{QC}{PD})_{it}, \ln ER_t) \quad (7-9)$$

式中，QI 和 QE 分别代表谷物的进口量和出口量（万吨）；CP 为粮食消费价格，以批发市场价格表示（元/50 千克）；IP 为粮食国际市场价格（美元/50 千克）；QC 代表粮食国内总消费需求量（万吨）；ER 为人民币兑美元汇率；i 代表粮食作物品种，即稻谷、小麦和玉米；t 为年度。

7.2.4　价格和成本联系

基于价格支持政策对粮食市场价格及生产成本的作用机制分析，构建价格和成本联系方程。粮食价格支持政策对粮食市场价格能形成有效的支撑，将价格支持变量引入生产价格决定方程，其系数符号预期为正。生产成本及供给变量也是影响生产价格的重要因素，同样引入价格方程，考虑估计参数的数据可获得性，以单产水平作为供给变量来替代产量变量。总体上，粮食生产价格是关于生产成本、单产水平、粮食价格支持水平等变量的方程。价格支持政策是影响生产成本的重要因素，对生产成本产生正向影响，采用建立自回归分布滞后模型来反映价格支持水平和生产成本间的量化关系。粮食生产成本是关于上年生产成本、当年粮食价格支持水平、上年粮食价格支持水平的方程。最低收购价政策调整和临时收储价格政策取消的模拟机制不同，因此玉米生产价格和生产成本方程具体形式也有别于稻谷和小麦。最后，粮食消费价格是关于粮食生产价格和国际粮食价格的方程。

价格和成本联系模块基本表达式如下：

$$\ln P_{it} = f(\ln CO_{it}, \ln Y_{it}, \ln M_{it}) \qquad (7-10)$$

$$\ln CO_{it} = f(\ln CO_{it-1}, \ln M_{it}, \ln M_{it-1}) \qquad (7-11)$$

$$\ln CP_{it} = f(\ln P_{it}, \ln IP_{it}) \qquad (7-12)$$

式中，P 为粮食生产者价格（元/50 千克）；CO 为粮食生产成本（元/亩）；Y 为粮食单产水平（千克/亩）；M 为粮食价格支持政策变量，以历年稻谷、小麦最低收购价表示（元/50 千克）；IP 为国际市场粮食价格（美元/50 千克）；CP 为粮食消费者价格（元/50 千克）；i 代表粮食作物品种，即稻谷、小麦和玉米；t 为年度。

7.2.5　市场出清

粮食的期末库存由市场总供给减去市场总需求决定，市场总供给由粮食上年期初库存、粮食产量、粮食进口组成；市场总需求等于国内粮食总消费量和粮食出口量之和。通过移项转化，得到如下市场出清方程：

$$QP_{it} + QI_{it} + QS_{it-1} = QC_{it} + QE_{it} + QS_{it} \qquad (7-13)$$

式中，QP 为粮食产量（万吨）；QI 为粮食进口（万吨）；QC 为粮食国内总消费（万吨）；QE 为粮食出口（万吨）；QS 为粮食期末库存（万吨）；i 代表粮食作物品种，即稻谷、小麦和玉米；t 为年度。

7.3　模型参数估计

7.3.1　数据及来源

综合考虑数据可获得性和统计口径一致性，采用 1990 年以后的年度时间序列数据估计面积、单产、消费、进出口等方程的参数；采用省级面板数据估计生产者价格及生产成本方程。大米和小麦的消费数据和期末库存数据来自联合国粮食及农业组织（FAO）、玉米消费数据和期末库存数据来源于美国农业部（USDA）；粮食进口、出口、消费价格、肉类价格、农业补贴等数据来源于历年《中国农业发展报告》；粮食生产者价格来源于历年《全国农产品成本收益资料汇编》；粮食播种面积、单产、产量、居民人均收入和中国人口等数据来源于历年《中国统计年鉴》。价格、收入、成本等数据按 1990 年不变价格折算为实际值。

7.3.2　模型估计结果

在模型基本框架的基础上，综合考虑变量显著性水平、预期系数符号、方程整体解释能力等方面，依据各方程实际估计结果，确定稻米、小麦和玉米供需模型中各方程的具体结构及参数值。模型考虑了各类粮食品种差异，能够反映不同品种自身生产、消费、贸易及价格变化等特征。

（1）稻米模型估计结果

在稻米供给方程中，由于滞后 1 期被解释变量的引入，可能会导致内生性问题，采用广义矩估计法（GMM）估计方程参数，以消除模型内生性问题；玉米是稻谷重要的竞争作物，其价格变量在 5％水平上显著且符号与预期相符，得以进入稻谷面积反应方程，以反映玉米和稻谷间的竞争关系；时间趋势项在 1％水平上显著，且符号为负，反映稻谷播种面积在较长历史时期中呈总体下降趋势；稻谷面积方程中，各变量均在 5％较显著，且方程拟合效果较好。在稻米单产方程中，时间趋势项高度不显著，未能进入模型。稻谷人均食用消费方程中，肉类价格、小麦价格、玉米价格进入模型，反映大米和肉类、小麦、玉米间的替代关系；大米食用消费自价格弹性为－0.147，缺乏价格弹性，表明大米食用消费相对稳定；大米食用消费收入弹性为－0.011，弹性较小且系数为负，表明随着收入的增加大米的食用消费需求将减少，但减少幅度很小，因此大米消费受收入水平的影响不大。稻谷饲用消费方程中，玉米作为重要饲用替代品，其价格被引入方程，用以反映二者之间替代关系，变量在 5％水平上统计显著。在大米进口和出口方程中，大米国内消费量和产量比值均高度不显著，予以从模型中剔除。大米生产价格方程中，稻谷最低收购价变量高度显著，系数为 0.509，表明稻谷平均最低收购价每提高 1％，农户的稻谷出售价格将提高 0.509％，即稻谷出售价格对最低收购价的反应弹性为 0.509。稻谷生产成本方程中，价格支持变量及滞后 1 期变量均在 1％显著性水平上高度显著，系数分别为 0.837 和－0.190，系数之和表示最低收购价政策对稻谷生产成本的乘数效应，二者之和等于 0.647，即稻谷生产成本对最低收购价的反应弹性约为 0.647（表 7-1）。

表 7-1　大米供需均衡模型估计结果

生产模块：

$\ln A = 3.581 + 0.664\ln A_{t-1} + 0.112\ln P_{t-1} + 0.004\ln S - 0.038\ln PC - 0.003T$

$\quad (0.382)^{***}\ (0.036)^{***}\ (0.013)^{***}\ (0.001)^{***}\ (0.014)^{**}\ (0.000)^{***}$

$Adj. R^2 = 0.96\ D.W. = 2.12\ Method = GMM\ Obs. = 25\ (1992\text{—}2016)$

$\ln Y = 0.421 + 0.774\ln Y_{t-1} + 0.069\ln P_{t-1} + 0.003\ln S - 0.086\ln PF$

$\quad (0.075)^{***}\ (0.038)^{***}\ (0.016)^{***}\ (0.002)\ (0.051)^{*}$

$Adj. R^2 = 0.98\ D.W. = 1.79\ Method = GMM\ Obs. = 25\ (1992\text{—}2016)$

消费模块：

$\ln FOD = 4.439 - 0.147\ln CP - 0.011\ln IN + 0.090\ln PM + 0.050\ln PW + 0.053\ln PC$

$\quad (0.021)^{***}\ (0.031)^{***}\ (0.006)^{*}\ (0.024)^{***}\ (0.034)\ (0.023)^{**}$

$Adj. R^2 = 0.81\ D.W. = 2.27\ Method = OLS\ Obs. = 22\ (1995\text{—}2016)$

$\ln FED = 3.478 - 1.463\ln CP - 0.272\ln IN + 0.919\ln PM + 0.869\ln PC$

$\quad (0.343)^{***}\ (0.352)^{***}\ (0.089)^{***}\ (0.382)^{**}\ (0.329)^{**}$

$Adj. R^2 = 0.55\ D.W. = 1.79\ Method = OLS\ Obs. = 22\ (1995\text{—}2016)$

贸易模块：

$\ln IM = 7.728 + 5.262\ln CP - 2.153\ln IP \times ER$

$\quad (0.211)^{***}\ (0.446)^{***}\ (0.333)^{***}$

$Adj. R^2 = 0.87\ D.W. = 2.09\ Method = OLS\ Obs. = 22\ (1995\text{—}2016)$

$\ln EX = 5.340 - 3.877\ln CP + 0.627\ln IP \times ER$

$\quad (0.304)^{***}\ (0.577)^{***}\ (0.410)$

$Adj. R^2 = 0.82\ D.W. = 2.20\ Method = OLS\ Obs. = 21\ (1996\text{—}2016)$

价格和成本联系：

$\ln P = 1.430 + 0.249\ln CO + 0.509\ln M - 0.114\ln Y$

$\quad (0.216)^{***}\ (0.030)^{***}\ (0.037)^{***}\ (0.039)^{***}$

$Adj. R^2 = 0.91\ D.W. = \text{—}\ Method = GLS\ Obs. = 541$

$\ln CO = 0.691 + 0.439\ln CO_{t-1} + 0.837\ln M - 0.190\ln M_{t-1}$

$\quad (0.083)^{***}\ (0.034)^{***}\ (0.039)^{***}\ (0.043)^{***}$

$Adj. R^2 = \text{—}\ D.W. = \text{—}\ Method = GMM\ Obs. = 457$

$\ln CP = 1.093 + 0.839\ln P + 0.039\ln IP$

$\quad (0.155)^{***}\ (0.056)^{***}\ (0.049)$

$Adj. R^2 = 0.97\ D.W. = 1.67\ Method = OLS\ Obs. = 22\ (1995\text{—}2016)$

注：括号中数值为标准差；＊＊＊、＊＊、＊分别代表 1%、5% 和 10% 显著性水平。

（2）小麦模型估计结果

采用 GMM 估计方法消除小麦供给方程中的内生性问题，小麦面积反应方程中，竞争作物价格变量不显著，未能进入模型；小麦时间趋势项在 1% 水平上显著，且符号为负，反映我国小麦播种面积在较长历史时期中同样处于下降趋势；在小麦单产方程中，各变量均在1%水平高度显著，单产方程拟合效果较理想（表7-2）。

表7-2 小麦供需均衡模型估计结果

生产模块：

$\ln A = 2.181 + 0.811\ln A_{t-1} + 0.147\ln P_{t-1} + 0.008\ln S - 0.006T$

　　　(0.420)*** (0.040)*** (0.015)*** (0.001)*** (0.001)***

$Adj. R^2 = 0.99 D.W. = 1.66 Method = GMM Obs. = 25 (1992—2016)$

$\ln Y = 0.994 + 0.335\ln Y_{t-1} + 0.127\ln P_{t-1} + 0.010\ln S - 0.107\ln PF + 0.009T$

　　　(0.186)*** (0.147)*** (0.030)*** (0.002)*** (0.042)*** (0.003)***

$Adj. R^2 = 0.99 D.W. = 2.11 Method = GMM Obs. = 25 (1992—2016)$

消费模块：

$\ln FOD = 4.781 - 0.041\ln CP - 0.122\ln IN + 0.020\ln PM + 0.053\ln PC$

　　　(0.088)*** (0.032)*** (0.021)*** (0.032)　 (0.023)***

$Adj. R^2 = 0.99 D.W. = 1.91 Method = OLS Obs. = 25 (1992—2016)$

$\ln FED = -7.975 - 3.841\ln CP + 1.901\ln IN + 2.335\ln PC$

　　　(0.577)*** (0.605)*** (0.080)*** (0.671)***

$Adj. R^2 = 0.98 D.W. = 1.76 Method = OLS Obs. = 27 (1990—2016)$

贸易模块：

$\ln IM = 10.366 + 5.510\ln CP - 2.034\ln IP \times ER + 6.45\ln CS/PD$

　　　　(2.143)*** (1.746)*** (1.058)*** 　(4.237)***

$Adj. R^2 = 0.63 D.W. = 2.055 Method = OLS Obs. = 26 (1991—2016)$

$\ln X = 5.525 - 2.431\ln CP + 1.584\ln IP \times ER$

　　　(1.332)*** (1.113)** (0.727)***

$Adj. R^2 = 0.49 D.W. = 2.00 Method = OLS Obs. = 23 (1994—2016)$

价格和成本联系：

$\ln P = 1.276 + 0.191\ln CO + 0.609\ln M - 0.110\ln Y$

　　(0.294)*** (0.054)*** (0.085)*** (0.052)**

$Adj. R^2 = 0.87 D.W. = — Method = GLS Obs. = 165$

$\ln CC = 0.049 + 0.414\ln CO_{t-1} + 1.055\ln M - 0.244\ln M_{t-1}$

　　(0.184)　 (0.140)*** 　(0.168)*** (0.162)**

$Adj. R^2 = — D.W. = — Method = GMM Obs. = 135$

$\ln CP = 0.355 + 0.884\ln P + 0.082\ln IP$

　　(0.131)　 (0.040)*** (0.067)*

$Adj. R^2 = 0.97 D.W. = 1.19 Method = OLS Obs. = 27 (1990—2016)$

注：括号中数值为标准差；***、**、* 分别代表1%、5%和10%显著性水平。

小麦人均食用消费方程中，肉类价格、玉米价格作为替代品价格变量进入模型，反映小麦和肉类、玉米间的替代关系；小麦食用消费的自价格弹性为－0.041，弹性值较小，表明小麦食用消费对自价格变化缺乏弹性；小麦食用消费收入弹性为－0.122，弹性较小且系数为负，表明随着收入的增加小麦食用消费需求将减少。小麦饲用消费方程中，玉米价格是重要解释变量，反映玉米对小麦饲用的代替作用，方程各解释变量高度显著，方程整体解释能力也较强。在小麦进口方程中，小麦国内消费量和产量之比通过显著性检验，且该变量的引入增强了方程整体的解释力度，因此得以进入小麦进口量方程。在小麦出口方程中，小麦国内消费量和产量之比变量高度不显著，引入该变量未能改善方程的拟合效果，故予以剔除。小麦生产价格方程中，最低收购价变量高度显著，系数估计值为0.609，即小麦生产价格对最低收购价的反应弹性为0.609。小麦生产成本方程中，价格支持变量及滞后1期变量通过显著性检验，系数分别为1.055和－0.244，二者之和等于0.811，总体上小麦生产成本对最低收购价的反应弹性约为0.811（表7-2）。

（3）玉米模型估计结果

玉米面积反应方程中，竞争作物价格变量不显著，未能进入模型；时间趋势项符号为正，且在1%水平上显著，反映我国玉米播种面积长期表现为上升趋势。玉米单产方程中，投入要素价格、时间趋势项高度不显著，且与其他变量可能存在较严重共线性，予以剔除。玉米人均食用及其他消费方程中，肉类价格、小麦价格变量高度显著，且符号与预期相符，得以进入方程，反映玉米和肉类、小麦之间的替代关系；玉米食用及其他消费的自价格弹性为－0.496，弹性绝对值明显大于稻谷和小麦，表明玉米食用及其他消费对自价格变化相对较敏感；玉米食用及其他消费的收入弹性为0.235，符号为正，表明随着收入的增加，玉米食用及其他消费需求也将增加。玉米饲用消费方程中，肉类价格变量通过显著性检验，系数符号为正，表明肉类价格上涨将促进玉米饲用消费的增加。我国玉米进口量起伏较大，近十多年来玉米进口开始稳步增长，为反映近些年来玉米进口变化特征，采用2003年以来数据估计玉米进口方程参数，进口方程估计结果中，玉米国内消费作为重要解释变量，通过了1‰水平的显著性检验，且该变量的引入明显增强了玉米进口方程的拟合程度，因此得以进入玉米进口方程。同样，在玉米出口方程中，玉米国内消费量在1‰水平上显著，且系数符号为负，符合预期。因为玉米临时收储政策已经取消，模拟分析政策取消的分析方法不同于模拟分析价格支持水平调整，需单独构建玉米价格和成本联系方程，玉米生产价格方程和生产成本方程中，玉米临时收储政策以虚拟变量形式表示，当玉米临时收储政策执行时，玉米生产价格对生产成本和单产水平的反应弹性分别为0.225和－0.241，生产成本对前期成本的反应弹性为0.272；当玉米临储政策取消时，价格对成本及单产的反应弹性分别变为0.308和－0.256，生产成本对前期成本的反应弹性上升为0.340（表7-3）。

表7-3 玉米供需均衡模型估计结果

生产模块：

$\ln A = 2.383 + 0.782\ln A_{t-1} + 0.128\ln P_{t-1} + 0.006\ln S + 0.003T$

   (0.286)*** (0.027)*** (0.015)*** (0.001)*** (0.001)***

$Adj. R^2 = 0.99\, D.W. = 2.46\, Method = GMM\, Obs. = 25\ (1992—2016)$

$\ln Y = 0.737 + 0.609\ln Y_{t-1} + 0.058\ln P_{t-1} + 0.007\ln S$

   (0.281)** (0.138)*** (0.046)   (0.002)***

$Adj. R^2 = 0.96\, D.W. = 2.24\, Method = GMM\, Obs. = 25\ (1992—2016)$

消费模块：

$\ln FCD = 2.348 - 0.496\ln CP + 0.235\ln IN + 0.545\ln PM + 0.554\ln PW$

   (0.165)*** (0.193)** (0.050)*** (0.222)** (0.190)***

$Adj. R^2 = 0.96\, D.W. = 1.40\, Method = OLS\, Obs. = 27\ (1990—2016)$

$\ln FED = 2.523 - 0.334\ln CP + 0.347\ln IN + 0.290\ln PM$

   (0.165)*** (0.134)** (0.031)*** (0.159)*

$Adj. R^2 = 0.97\, D.W. = 1.28\, Method = OLS\, Obs. = 27\ (1990—2016)$

贸易模块：

$\ln IM = -89.24 + 8.099\ln CP - 0.081\ln IP \times ER + 8.509\ln CS$

   (29.61)** (3.507)** (1.356)   (2.269)***

$Adj. R^2 = 0.93\, D.W. = 1.83\, Method = OLS\, Obs. = 14\ (2003—2016)$

$\ln EX = 23.74 - 10.28\ln CP + 2.988\ln IP \times ER - 2.021\ln CS$

   (8.610)*** (1.399)*** (1.055)*** (0.678)***

$Adj. R^2 = 0.89\, D.W. = 1.91\, Method = OLS\, Obs. = 27\ (1990—2016)$

（续）

价格和成本联系：

$\ln P = 3.951 + 0.308\ln CO - 0.083 DM \times \ln CO - 0.256\ln Y + 0.015 DM \times \ln Y + 0.681 DM$

　　$(0.294)^{***}$　$(0.054)^{***}$　$(0.085)^{***}$　　$(0.052)^{***}$　(0.052)　　　$(0.052)^{***}$

$Adj.\ R^2 = —\ D.W. = —\ Method = FGLS\ Obs. = 160$

$\ln CO = 0.4.487 + 0.340\ln CO_{t-1} - 0.068 DM \times \ln M + 0.482 DM$

　　$(0.611)^{***}$　$(0.089)^{***}$　　$(0.035)^{***}$　　$(0.237)^{**}$

$Adj.\ R^2 = —\ D.W. = —\ Method = GMM\ Obs. = 80$

$\ln CP = 0.921 + 0.724\ln P + 0.161\ln IP$

　　$(0.120)^{***}$　$(0.044)^{***}$　$(0.056)^{***}$

$Adj.\ R^2 = 0.97\ D.W. = 1.97\ Method = OLS\ Obs. = 27$（1990—2016）

注：括号中数值为标准差；＊＊＊、＊＊、＊分别代表 1%、5% 和 10% 显著性水平。

7.4　本章小结

　　本章基于局部均衡理论和粮食价格支持政策对粮食价格、粮食生产成本的作用机制，构建了稻米、小麦、玉米局部均衡模型，均衡模型主体包含 5 个模块：生产模块、消费模块、贸易模块、价格和成本联系模块、市场出清模块，最低收购价变量以政策外生变量形式引入粮食市场价格和生产成本方程，实现粮食最低收购价政策与粮食市场供求等模块的有机衔接。鉴于调减粮食最低收购价和取消玉米临时收储政策的模拟形式不同，分别构建了两种政策模拟背景下的价格和成本联系方程。模型考虑了各内生变量的主要影响因素，各方程中的变量系数均根据中国数据估计而得，能反映我国当前粮食生产、消费和贸易等实际情况。基于谷物供需均衡模型，通过设定不同的政策调整方案，可以模拟分析价格支持政策调整对粮食市场价格、粮食供需、种粮收益以及粮食安全指标等综合影响，从而能为粮食价格支持政策调整和改革提供有益参考。

第8章 粮食价格支持政策调整的模拟分析

8.1 价格支持政策调整目标

粮食价格支持政策调整应着重考虑以下三个政策目标：一是适当调减价格支持水平，缓解当前粮食市场突出问题；二是确定调减幅度，保障国家粮食安全，特别是要牢牢守住口粮安全底线；三是确定农民种粮收益减少程度，并采取相应生产补贴措施，保护农民切身利益。

8.1.1 缓解粮食市场压力

粮食价格支持政策的执行对稳定粮食价格、提高农民种粮积极性、保障我国粮食安全等起到了重要作用。但是伴随长期的政策执行，政策负面作用日益明显，突出表现为库存攀升、价格倒挂、内外价差扩大、成本攀升、优质优价机制难以形成等。虽然有些问题并非主要由价格支持政策执行所导致，但通过适当调减粮食最低收购价水平，可使诸多问题得到一定缓解。降低粮食价格支持水平可以减少粮食生产特别是普通等级粮食生产，从而能够缓解库存压力；通过降低价格支持水平，可以拉开不同粮食产品市场价格区间，发挥市场定价机制，使优质粮食产品卖出好价钱，从而可促进优质优价价格机制形成；随着价格支持水平的降低，国内粮食平均价格将有所下降，国内外粮食价差将有所缩小，粮食进口增长势头也会得到遏制。因此，出于缓解粮食市场压力、促进粮食价格机制形成等考虑，应适时调减稻谷、小麦最低收购价水平。

8.1.2　保障国家粮食安全

粮食安全始终是关系到我国经济发展、社会稳定的根本性全局性重大战略问题，保障国家粮食安全历来是党和政府治国理政的首要任务。党的十九大以来，以习近平同志为核心的党中央提出了新形势下"以我为主、立足国内、确保产能、适度进口、科技支撑"的国家粮食安全战略，强调要坚守"确保谷物基本自给、口粮绝对安全"的战略底线。习近平总书记反复强调"保障国家粮食安全是一个永恒课题，任何时候这根弦都不能松"，"中国人的饭碗任何时候都要牢牢端在自己手上"，"我们的饭碗应该主要装中国粮"。粮食价格支持政策调整要始终以保障国家粮食安全为底线，必须掌握好价格支持水平的调减幅度，政策调整不能危及国家粮食安全。出于保障口粮绝对安全，应适当调减稻谷、小麦最低收购价水平。

8.1.3　保护农民根本利益

调减粮食价格支持水平或取消价格支持政策，势必会降低粮食市场价格，减少农民种粮收益，损害农民切身利益，对种粮大户的打击尤为巨大。在确保价格支持政策调减不威胁国家粮食安全的同时，还应注意对农民种粮收益的保护，政策调整不能对农民种粮收益造成较大影响；当农民种植收益大幅下降时，不仅会使低收入农户难以保障其基本生活，还可能会进一步引发社会问题，加剧农业农村不稳定因素。通过模拟确定不同价格支持政策调整方案对农民种粮收益影响程度，针对收益减少程度，配套出台生产补贴措施，确定相应补贴标准，可弥补农民收益损失，保护农民和其他经营主体的根本利益。

8.2　价格支持政策调整方案设置

根据粮食价格支持政策作用机制，分别构建我国稻米、小麦和玉米供需均衡模型，运用模型模拟分析粮食价格支持政策调整对粮食生产、需求、贸易、粮食安全指标及农户种粮收益的综合影响。为确保模拟分析的准确性，模型各方程中添加了附加因子，将拟合值校准为真实值。模型基期求解结果如表 8-1、表 8-2 所示。

表 8-1　基期粮食供求及自给状况

单位：万吨，%

作物	年份	产量	消费	进口	出口	期末库存	自给率	库存消费比	进口依存度
稻米	2015	14 512.6	13 749.5	337.7	28.7	10 164.3	105.55	73.93	2.456
	2016	14 539.9	13 747.7	356.0	39.5	11 273.0	105.76	82.00	2.590
小麦	2015	12 841.1	12 135.0	300.7	12.2	6 606.0	105.82	54.44	2.478
	2016	12 951.6	12 465.6	341.2	11.3	7 421.9	103.90	59.54	2.737
玉米	2015	25 944.0	22 900.0	473.0	1.1	20 801.4	113.29	90.84	2.070
	2016	26 002.1	25 500.0	316.8	0.4	21 619.9	101.97	84.78	1.240

数据来源：模型求解结果。

表 8-2　基期粮食价格、单产及生产成本、净收益

单位：元/50 千克，千克/亩，元/亩

作物	年份	价格	单产	毛收入	生产成本	净收入
稻米	2015	138.0	457.1	1 261.9	987.3	274.6
	2016	136.8	459.1	1 255.9	979.9	276.0
小麦	2015	110.4	354.7	825.9	784.6	41.3
	2016	111.6	357.3	797.8	805.6	−7.8
玉米	2015	94.2	392.7	739.8	844.9	−105.1
	2016	77.0	395.3	608.8	827.7	−218.9

数据来源：模型求解结果。

结合当前我国粮食产业市场形势及宏观农业政策背景，设置四种最低收购价政策的调整方案，并模拟各政策调整方案下我国稻谷、小麦供需、自给状况及种植收益变化。四种方案均在 2015 年粮食最低收购价水平上分别下调 5％、10％、15％和 20％，该模拟方案的设置不仅可以考察当年粮食市场变化，还可动态考察 2016 年粮食市场变化。2015 年稻谷、小麦最低收购价水平调整方案如表 8 - 3 所示。

表 8 - 3　2015 年最低收购价政策调整方案

单位：元/50 千克

作物	最低收购价（基期 2015）	方案 1（调减 5％）	方案 2（调减 10％）	方案 3（调减 15％）	方案 4（调减 20％）
稻谷	146.0	138.7	131.4	124.1	116.8
小麦	118.0	112.1	106.2	100.3	94.4

注：各调整方案在 2015 年最低收购价水平上进行调减。

玉米临时收储政策的模拟情景为 2015 年取消玉米临时收储政策，通过将玉米模型中玉米临时收储政策虚拟变量赋值为零实现。

8.3　最低收购价政策调整的模拟结果

模拟分析的目标是要分析价格支持政策调整对粮食价格、供需以及粮食安全状况和种粮收益的影响。粮食安全是指粮食数量安全，由粮食自给率、库存消费比、进口依存度等指标反映。自给率是当年粮食产量与消费量的比值；库存消费比等于当年期末库存量与消费量之比；进口依存度是当年粮食进口量占消费量的比重。单位面积种粮收入等于粮食价格乘以每亩单产，种粮纯收益等于单位面积种粮收入减去每亩生产成本。研究中收入仅指种粮收入，不包括补贴等；粮食生产成本不包括土地成本。

8.3.1 粮食市场变化

(1) 价格变化

粮食价格支持水平对稻谷出售价格的影响是个动态的过程，其不仅能直接影响当年的粮食价格水平，同时还可以通过作用次年的生产成本和单产水平间接对次年粮食出售价格产生影响。调减稻谷最低收购价水平可以降低当年和次年稻谷农户出售价格（以下简称"稻谷价格"）。调减 2015 年稻谷最低收购价 5%（方案 1），2015 年稻谷价格将下降 5 元/50 千克，下降 3.61%（在 2015 年价格水平 138.0 元/50 千克基础上下降，下同），2016 年稻谷价格将下降 0.3 元/50 千克，下降 0.2%（在 2016 年价格水平 136.8 元/50 千克基础上下降，下同）；调减 2015 年稻谷最低收购价 10%（方案 2），2015 年稻谷价格每 50 千克将减少 10.1 元，下降 7.28%，2016 年稻谷每 50 千克价格将减少 0.6 元，下降 0.44%；调减 2015 年稻谷最低收购价 15%（方案 3），2015 年每 50 千克稻谷价格将减少 15.2 元，下降 11.01%，2016 年每 50 千克稻谷价格将减少 0.9 元，下降 0.62%；调减 2015 年稻谷最低收购价 20%（方案 4），2015 年每 50 千克稻谷价格将减少 20.4 元，下降 14.79%，2016 年每 50 千克稻谷价格将减少 1.2 元，下降 0.86%。调减稻谷最低收购价水平对稻谷价格影响明显，最低收购价每调减 5%，稻谷当年价格将下降 3.6%，次年价格将下降 0.2%（表 8-4）。

表 8-4　各价格支持政策调整方案下粮食价格变化

单位：%，元/50 千克

作物	年份	基准价格	方案 1 (调减 5%)	方案 2 (调减 10%)	方案 3 (调减 15%)	方案 4 (调减 20%)
稻谷	2015	138.0	−3.61 (−5.0)	−7.28 (−10.1)	−11.01 (−15.2)	−14.79 (−20.4)
	2016	136.8	−0.20 (−0.3)	−0.41 (−0.6)	−0.62 (−0.9)	−0.86 (−1.2)

（续）

作物	年份	基准价格	方案 1 （调减 5%）	方案 2 （调减 10%）	方案 3 （调减 15%）	方案 4 （调减 20%）
小麦	2015	110.4	−4.07 （−4.7）	−8.19 （−9.5）	−12.34 （−14.4）	−16.54 （−19.3）
	2016	111.6	−0.13 （−0.2）	−0.27 （−0.3）	−0.41 （−0.5）	−0.57 （−0.6）

注：括号中数值为相对于基准值的绝对变化量；方案 1、2、3、4 分别在 2015 年最低收购价水平上调减 5%、10%、15%、20%。

同样，调减小麦价格支持水平会降低当年和次年小麦农户出售价格（以下简称"小麦价格"）。调减 2015 年小麦最低收购价 5%（方案 1），2015 年每 50 千克小麦价格将下降 4.7 元，下降 4.26%（在 2015 年价格水平 110.4 元/50 千克基础上下降，下同），2016 年小麦价格将下降 0.2 元/50 千克，下降 0.13%（在 2016 年价格水平 111.6 元/50 千克基础上下降，下同）；调减 2015 年小麦最低收购价 10%（方案 2），2015 年每 50 千克小麦价格将减少 9.5 元，下降 8.19%，2016 年每 50 千克小麦价格将减少 0.3 元，下降 0.27%；调减 2015 年小麦最低收购价 15%（方案 3），2015 年每 50 千克小麦价格将减少 14.4 元，下降 12.34%，2016 年每 50 千克小麦价格将减少 0.5 元，下降 0.41%；调减 2015 年小麦最低收购价 20%（方案 4），2015 年小麦价格将减少 19.3 元/50 千克，下降 16.54%，2016 年小麦价格将减少 0.6 元/50 千克，下降 0.57%。小麦最低收购价调减对小麦市场出售价格影响明显，综合来看，小麦最低收购价每调减 5%，小麦当年价格将下降 4.1% 左右，次年价格将下降 0.1% 左右（表 8-4）。

（2）单产变化

通过影响稻谷出售价格，最低收购价政策调整可以对次年粮食单产水平产生负向影响。调减 2015 年稻谷最低收购价 5%（方案 1），2016 年稻谷每亩单产将下降 1.2 千克，下降 0.25%（在 2016 年单产水平

459.1千克/亩基础上下降，下同）；调减2015年稻谷最低收购价10%（方案2），2016年稻谷每亩单产将下降2.4千克，下降0.52%；调减2015年稻谷最低收购价15%（方案3），2016年稻谷每亩单产将下降3.7千克，下降0.80%；调减2015年稻谷最低收购价20%（方案4），2016年稻谷每亩单产将下降5.1千克，下降1.1%。总体上，调减价格支持水平对稻谷单产水平影响不大，最低收购价每调减5%，稻谷单产水平大约减少0.25%（表8-5）。

表8-5　各价格支持政策调整方案下粮食单产水平变化

单位：%，千克/亩

作物	年份	基准单产	方案1（调减5%）	方案2（调减10%）	方案3（调减15%）	方案4（调减20%）
稻谷	2015	457.1	—（—）	—（—）	—（—）	—（—）
	2016	459.1	−0.25（−1.2）	−0.52（−2.4）	−0.80（−3.7）	−1.10（−5.1）
小麦	2015	354.7	—（—）	—（—）	—（—）	—（—）
	2016	357.3	−0.53（−1.9）	−1.08（−3.9）	−1.66（−5.9）	−2.27（−8.1）

注：括号中数值为相对于基准值的绝对变化量；方案1、2、3、4分别在2015年最低收购价水平上调减5%、10%、15%、20%。

同样，调减价格支持水平通过作用小麦出售价格会降低次年小麦单产水平。调减2015年小麦最低收购价5%（方案1），2016年小麦每亩单产将下降1.9千克，下降0.53%（在2016年单产水平357.3千克/亩基础上下降，下同）；调减2015年小麦最低收购价10%（方案2），2016年小麦每亩单产将下降3.9千克，下降1.08%；调减2015年小麦最低收购价15%（方案3），2016年小麦每亩单产将下降5.9千克，下降1.66%；调减2015年小麦最低收购价20%（方案4），2016年小麦每亩单产将下降8.1千克，下降2.27%。总体来看，调减小麦最低收购价水平对小麦单产水平影响不大，最低收购价每调减5%，小麦单产水平约下降 0.5%（表 8-5）。

（3）生产成本变化

模拟结果显示，价格支持水平的调减将降低粮食生产成本。调减 2015 年稻谷最低收购价 5%（方案 1），2015 年稻谷每亩生产成本将下降 41.5 元，下降 4.2%（在 2015 年生产成本 987.28 元/亩基础上下降，下同），2016 年稻谷生产成本将下降 8.9 元，下降 0.9%（在 2016 年生产成本 979.87 元/亩基础上下降，下同）；调减 2015 年稻谷最低收购价 10%（方案 2），2015 年稻谷生产成本将下降 83.3 元，下降 8.44%，2016 年稻谷每亩生产成本减少 18.2 元，下降 1.85%；调减 2015 年稻谷最低收购价 15%（方案 3），2015 年稻谷每亩生产成本减少 125.6 元，下降 12.72%，2016 年稻谷每亩生产成本减少 27.9 元，下降 2.84%；调减 2015 年稻谷最低收购价 20%（方案 4），2015 年稻谷每亩生产成本减少 168.2 元，下降 17.04%，2016 年稻谷每亩生产成本减少 38.0 元，下降 3.88%（表 8-6）。

表 8-6　各价格支持政策调整方案下粮食生产成本变化

单位：%，元/亩

作物	年份	基准成本	方案 1（调减 5%）	方案 2（调减 10%）	方案 3（调减 15%）	方案 4（调减 20%）
稻谷	2015	987.3	−4.20（−41.5）	−8.44（−83.3）	−12.72（−125.6）	−17.04（−168.2）
	2016	979.9	−0.91（−8.9）	−1.85（−18.2）	−2.84（−27.9）	−3.88（−38.0）
小麦	2015	784.6	−5.27（−41.3）	−10.52（−82.5）	−15.76（−123.6）	−20.98（−164.6）
	2016	805.6	−0.98（−7.9）	−2.01（−16.2）	−3.08（−24.9）	−4.21（−33.9）

注：括号中数值为相对于基准值的绝对变化量；方案 1、2、3、4 分别在 2015 年最低收购价水平上调减 5%、10%、15%、20%。

根据模拟结果，调减 2015 年小麦最低收购价 5%（方案 1），2015

年小麦每亩生产成本将下降41.3元，下降5.27%（在2015年生产成本784.6元/亩基础上下降，下同），2016年小麦生产成本将下降7.9元，下降0.98%（在2016年生产成本805.6元/亩基础上下降，下同）；调减2015年小麦最低收购价10%（方案2），2015年小麦生产成本将下降82.5元，下降10.52%，2016年小麦生产成本每亩减少16.2元，下降2.01%；调减2015年小麦最低收购价15%（方案3），2015年小麦每亩生产成本减少123.6元，下降15.76%，2016年小麦每亩生产成本减少24.9元，下降3.08%；调减2015年小麦最低收购价20%（方案4），2015年小麦每亩生产成本减少164.6元，下降20.98%，2016年小麦每亩生产成本减少33.9元，下降4.21%（表8-6）。然而，在实际中，农户规模较小，市场力量薄弱，在农业生产资料市场是价格接受者，农资价格一旦上涨就很难下降，提高价格支持水平会抬高农业生产成本这一作用机制可能不具有可逆性，或可逆的程度有限。因此，模拟结果会高估降低价格支持水平对生产成本的负向影响，关于生产成本变化的模拟结果仅供参考。

（4）产量变化

价格支持政策通过影响稻谷出售价格对次年粮食产量产生影响。调减2015年稻谷最低收购价5%（方案1），2016年稻谷（米）产量将减少96.5万吨，下降0.66%（在2015年产量水平14 539.9万吨基础上下降，下同）；调减2015年稻谷最低收购价10%（方案2），2016年稻谷（米）产量将减少197.6万吨，下降1.36%；调减2015年稻谷最低收购价15%（方案3），2016年稻谷（米）产量将减少303.7万吨，下降2.09%；调减2015年稻谷最低收购价20%（方案4），2016年稻谷（米）产量将减少415.3万吨，下降2.86%（表8-7）。总体上，价格支持水平的调节对稻谷产量水平影响较明显，每调减5%，稻谷（米）产量水平将下降0.7%左右。

表 8-7 各价格支持政策调整方案下粮食产量变化

单位:%, 万吨

作物	年份	基准产量	方案 1 (调减 5%)	方案 2 (调减 10%)	方案 3 (调减 15%)	方案 4 (调减 20%)
稻谷 (米)	2015	14 512.6	— (—)	— (—)	— (—)	— (—)
	2016	14 539.9	−0.66 (−96.5)	−1.36 (−197.6)	−2.09 (−303.7)	−2.86 (−415.3)
小麦	2015	12 841.1	— (—)	— (—)	— (—)	— (—)
	2016	12 951.6	−1.13 (−146.8)	−2.31 (−299.7)	−3.55 (−459.4)	−4.84 (−626.6)

注:括号中数值为相对于基准值的绝对变化量;方案 1、2、3、4 分别在 2015 年最低收购价水平上调减 5%、10%、15%、20%。

最低收购价水平下调将减少小麦次年产量。调减 2015 年小麦最低收购价 5%(方案 1),2016 年小麦产量将下降 146.8 万吨,下降 1.13%(在 2016 年产量水平 12 951.6 万吨基础上下降,下同);调减 2015 年小麦最低收购价 10%(方案 2),2016 年小麦产量将下降 299.7 万吨,下降 2.31%;调减 2015 年小麦最低收购价 15%(方案 3),2016 年小麦产量将下降 459.4 万吨,下降 3.55%;调减 2015 年小麦最低收购价 20%(方案 4),2016 年小麦产量将下降 626.6 万吨,下降 4.84%(表 8-7)。最低收购价水平的调整对小麦产量水平影响较大,每调减 5%,小麦产量水平大约减少 1.1%,明显大于稻谷减少幅度,出于稳定小麦产量的权衡,应谨慎调减小麦最低收购价水平。

(5) 消费变化

粮食价格支持政策通过影响粮食价格,对当年和次年粮食消费产生影响。调减 2015 年稻谷最低收购价 5%(方案 1),2015 年稻谷(米)消费量将增加 110.6 万吨,上升 0.8%(在 2015 年消费量 13 749.5 万吨基础上上升，下同），2016年稻谷（米）消费量将增加3.8万吨，上升0.03%（在2016年消费量13 747.7万吨基础上上升，下同）；调减2015年稻谷最低收购价10%（方案2），2015年稻谷（米）消费量将上升230.4万吨，提高1.68%，2016年稻谷（米）消费量将上升7.7万吨，提高0.06%；调减2015年稻谷最低收购价15%（方案3），2015年稻谷（米）消费量将增加360.9万吨，提高2.62%，2016年稻谷（米）消费量将增加11.9万吨，上升0.09%；调减2015年稻谷最低收购价20%（方案4），2015年稻谷（米）消费量将增加503.9万吨，提高3.66%，2016年稻谷（米）消费量将增加16.4万吨，上升0.12%（表8-8）。稻谷支持价格水平的调减对稻谷（米）消费量影响较明显，稻谷最低收购价每调减5%，稻谷（米）当年消费量将提高0.8%左右，次年消费量将提高0.03%左右。

表8-8　各价格支持政策调整方案下粮食消费量变化

单位:%，万吨

作物	年份	基准消费	方案1 （调减5%）	方案2 （调减10%）	方案3 （调减15%）	方案4 （调减20%）
稻谷（米）	2015	13 749.5	0.80 (110.6)	1.68 (230.4)	2.62 (360.9)	3.66 (503.9)
	2016	13 747.7	0.03 (3.8)	0.06 (7.7)	0.09 (11.9)	0.12 (16.4)
小麦	2015	12 135.0	2.81 (341.4)	6.22 (755.3)	10.41 (1 262.9)	15.60 (1 893.3)
	2016	12 465.6	0.07 (8.6)	0.14 (17.7)	0.22 (27.4)	0.30 (37.8)

注：括号中数值为相对于基准值的绝对变化量；方案1、2、3、4分别在2015年最低收购价水平上调减5%、10%、15%、20%。

调减2015年小麦最低收购价5%（方案1），2015年小麦消费量将增加341.4万吨，上升2.81%（在2015年消费量12 135.0万吨基础上上升，下同），2016年小麦消费量将增加8.6万吨，提高0.07%（在

2016 年消费量 12 465.6 万吨基础上上升，下同）；调减 2015 年小麦最低收购价 10%（方案 2），2015 年小麦消费量将增加 755.3 万吨，提高 6.22%，2016 年小麦消费量将增加 17.7 万吨，提高 0.14%；调减 2015 年小麦最低收购价 15%（方案 3），2015 年小麦消费量将提高 1 262.9 万吨，上升 10.41%，2016 年小麦消费量将提高 27.4 万吨，上升 0.22%；调减 2015 年小麦最低收购价 20%（方案 4），2015 年小麦消费量将增加 1 893.3 万吨，上升 15.60%，2016 年小麦消费量将增加 37.8 万吨，上升 0.30%（表 8-8）。小麦最低收购价调整对小麦消费量影响十分明显，最低收购价每调减 5%，小麦当年消费量将提高 2.8% 左右，次年消费量将提高 0.07% 左右。当年小麦消费的上升幅度是稻谷的 3 倍多，小麦最低收购价的大幅调减会给小麦消费市场及相关产业带来巨大冲击，应引起政府足够重视。

(6) 进口变化

当前我国国内粮食价格相对较高，是影响当前粮食进口的重要因素。粮食价格支持水平的调减能降低国内粮食市场价格，刺激企业增加对国内粮食的购买，而减少粮食进口。因此，调减粮食价格支持水平对粮食进口会产生负向影响。调减 2015 年稻谷最低收购价 5%（方案 1），2015 年稻谷（米）进口量将减少 50.6 万吨，下降 14.99%（在 2015 年进口量 337.7 万吨基础上下降，下同），2016 年稻谷（米）进口量将减少 3.1 万吨，下降 0.87%（在 2016 年进口量 356.0 万吨基础上下降，下同）；调减 2015 年稻谷最低收购价 10%（方案 2），2015 年稻谷（米）进口量将减少 95.8 万吨，下降 28.36%，2016 年稻谷（米）进口量将减少 6.3 万吨，下降 1.78%；调减 2015 年稻谷最低收购价 15%（方案 3），2015 年稻谷（米）进口量将减少 135.8 万吨，下降 40.22%，2016 年稻谷（米）消费量将减少 9.7 万吨，下降 2.72%；调减 2015 年稻谷最低收购价 20%（方案 4），2015 年稻谷（米）进口量将减少 171.1 万吨，下降 50.66%，2016 年稻谷（米）进口量将减少 13.3 万吨，下降

3.72%（表 8-9）。虽然稻谷最低收购价调整对我国稻谷（米）进口量的百分比变动影响较大，但我国稻谷（米）进口总量很少，不到总消费量的 3%，稻谷支持价格水平的调减不会明显改变国内稻米市场供给结构，我国稻谷（米）供给仍将主要依靠国内生产。

表 8-9 各价格支持政策调整方案下粮食进口量变化

单位：%，万吨

作物	年份	基准进口量	方案1 （调减 5%）	方案2 （调减 10%）	方案3 （调减 15%）	方案4 （调减 20%）
稻谷 （米）	2015	337.7	−14.99 （−50.6）	−28.36 （−95.8）	−40.22 （−135.8）	−50.66 （−171.1）
	2016	356.0	−0.87 （−3.1）	−1.78 （−6.3）	−2.72 （−9.7）	−3.72 （−13.3）
小麦	2015	300.7	−2.34 （−7.0）	−2.64 （−7.9）	−0.33 （−1.0）	5.50 （16.5）
	2016	341.2	7.42 （25.3）	15.84 （54.0）	25.46 （86.9）	36.55 （124.7）

注：括号中数值为相对于基准值的绝对变化量；方案 1、2、3、4 分别在 2015 年最低收购价水平上调减 5%、10%、15%、20%。

当前国内小麦价格较高，对小麦进口产生重要影响；实证分析结果表明，国内小麦需求和供给的状况也对小麦进口产生较大影响，这与稻谷进口情形有所不同。小麦价格支持水平的调减，能通过降低国内小麦价格和改变国内小麦供需状况，而对小麦进口施加影响。调减 2015 年小麦最低收购价 5%（方案 1），2015 年小麦进口量将减少 7.0 万吨，下降 2.34%（在 2015 年进口量 300.7 万吨基础上下降或上升，下同），2016 年小麦进口量将增加 25.3 万吨，上升 7.42%（在 2016 年进口量 341.2 万吨基础上上升，下同）；调减 2015 年小麦最低收购价 10%（方案 2），2015 年小麦进口量将减少 7.9 万吨，下降 2.64%，2016 年小麦进口量将增加 54.0 万吨，上升 15.84%；调减 2015 年小麦最低收购价 15%（方案 3），2015 年小麦进口量将减少 1.0 万吨，下降 0.35%，此时下降幅度变小，2016年小麦进口量将增加86.9万吨，上升25.46%；调减2015年小麦最低收购价20%（方案4），2015年小麦进口量将由减少转为增加，增加16.5万吨，上升5.5%，2016年小麦消费量将增加124.7万吨，上升36.55%（表8-9）。模拟结果显示，当小幅调减小麦最低收购价时，当年小麦进口量将下降，次年小麦进口量将上升，且次年增加幅度要明显大于当年减少幅度，整体上调减小麦最低收购价将增加小麦进口量。当大幅降低小麦最低收购价时，小麦当年进口量也会出现增加。与稻谷进口情形相同，虽然小麦最低收购价调整对我国小麦进口量的百分比变动影响较大，但我国小麦进口量很小，同样不足国内总消费量的3%，小麦支持价格水平的调整对小麦国内市场供给结构不会产生太大影响。

（7）出口变化

当前国内较高的粮食价格同样也会影响粮食出口。粮食价格支持水平的调减能减低国内粮食价格，使得出口粮食更具有比较收益，从而能促进粮食出口。调减2015年稻谷最低收购价5%（方案1），2015年稻谷（米）出口量将增加3.6万吨，上升12.71%（在2015年出口量28.7万吨基础上上升，下同），2016年稻谷（米）出口量将增加0.3万吨，上升0.64%（在2016年出口量39.5万吨基础上上升，下同）；调减2015年稻谷最低收购价10%（方案2），2015年稻谷（米）出口量将增加8.0万吨，上升27.86%，2016年稻谷（米）出口量将增加0.5万吨，上升1.33%；调减2015年稻谷最低收购价15%（方案3），2015年稻谷（米）出口量将增加13.2万吨，上升46.10%，2016年稻谷（米）出口量将增加0.8万吨，上升2.06%；调减2015年稻谷最低收购价20%（方案4），2015年稻谷（米）出口量将增加19.6万吨，上升68.29%，2016年稻谷（米）出口量将增加1.1万吨，上升2.83%（表8-10）。我国稻谷（米）出口量很少，调整稻谷最低收购价水平对稻谷（米）出口影响十分有限。

表 8 - 10　各价格支持政策调整方案下粮食出口量变化

单位：%，万吨

作物	年份	基准出口量	方案 1 （调减 5%）	方案 2 （调减 10%）	方案 3 （调减 15%）	方案 4 （调减 20%）
稻谷 （米）	2015	28.7	12.71 (3.6)	27.86 (8.0)	46.10 (13.2)	68.29 (19.6)
	2016	39.5	0.64 (0.3)	1.33 (0.5)	2.06 (0.8)	2.83 (1.1)
小麦	2015	12.2	9.35 (1.1)	20.15 (2.5)	32.73 (4.0)	47.52 (5.8)
	2016	11.3	0.28 (0.03)	0.58 (0.07)	0.90 (0.1)	1.23 (0.14)

注：括号中数值为相对于基准值的绝对变化量；方案 1、2、3、4 分别在 2015 年最低收购价水平上调减 5%、10%、15%、20%。

　　较高的国内小麦市场价格也同样影响我国小麦出口。小麦价格支持水平的调减能减低国内小麦价格，刺激小麦出口。调减 2015 年小麦最低收购价 5%（方案 1），2015 年小麦出口量将增加 1.1 万吨，上升 9.35%（在 2015 年出口量 12.2 万吨基础上上升，下同），2016 年小麦出口量将增加 0.03 万吨，上升 0.28%（在 2016 年出口量 11.3 万吨基础上上升，下同）；调减 2015 年小麦最低收购价 10%（方案 2），2015 年小麦出口量将增加 2.5 万吨，上升 20.15%，2016 年小麦出口量将增加 0.07 万吨，上升 0.58%；调减 2015 年小麦最低收购价 15%（方案 3），2015 年小麦出口量将增加 4.0 万吨，上升 32.73%，2016 年小麦出口量将增加 0.1 万吨，上升 0.9%；调减 2015 年小麦最低收购价 20%（方案 4），2015 年小麦出口量将增加 5.8 万吨，上升 47.52%，2016 年小麦出口量将增加 0.14 万吨，上升 1.23%（表 8 - 10）。由于我国小麦出口量很少，目前只有十几万吨，因此调整小麦最低收购价水平对小麦出口量的影响也很小，几乎可以忽略不计。

（8）期末库存变化

　　粮食价格支持政策调整通过改变国内粮食市场供需状况而动态影响

期末库存，降低价格支持水平能减少粮食产量，增加消费量，影响进出口，最终降低粮食期末库存水平，一定程度上能够起到"去库存"作用。调减 2015 年稻谷最低收购价 5%（方案 1），2015 年稻谷（米）期末库存将减少 164.8 万吨，下降 1.62%（在 2015 年期末库存量 10 164.3 万吨基础上下降，下同），2016 年稻谷（米）期末库存量将减少 268.5 万吨，下降 2.38%（在 2016 年期末库存量 11 273.0 万吨基础上下降，下同）；调减 2015 年稻谷最低收购价 10%（方案 2），2015 年稻谷（米）期末库存量将减少 334.2 万吨，下降 3.29%，2016 年稻谷（米）期末库存量将减少 546.3 万吨，下降 4.85%；调减 2015 年稻谷最低收购价 15%（方案 3），2015 年稻谷（米）期末库存量将减少 510.0 万吨，下降 5.02%，2016 年稻谷（米）期末库存量将减少 836.1 万吨，下降 7.42%；调减 2015 年稻谷最低收购价 20%（方案 4），2015 年稻谷（米）期末库存量将减少 694.6 万吨，下降 6.83%，2016 年稻谷（米）期末库存量将减少 1 140.7 万吨，下降 10.12%（表 8 - 11）。稻谷支持价格水平的调减对稻谷（米）期末库存影响较大，且对次年期末库存的影响要大于当年。稻谷最低收购价每调减 5%，稻谷（米）当年期末库存量将下降 1.6%左右，次年期末库存量将下降 2.4%左右。调减稻谷最低收购价一定程度上可以缓解当前稻谷高库存压力。

表 8 - 11 各最低收购价调整方案下粮食期末库存变化

单位:%，万吨

作物	年份	基准期末库存	方案 1（调减 5%）	方案 2（调减 10%）	方案 3（调减 15%）	方案 4（调减 20%）
稻谷（米）	2015	10 164.3	-1.62（-164.8）	-3.29（-334.2）	-5.02（-510.0）	-6.83（-694.6）
	2016	11 273.0	-2.38（-268.5）	-4.85（-546.3）	-7.42（-836.1）	-10.12（-1 140.7）

（续）

作物	年份	基准期末库存	方案 1（调减 5%）	方案 2（调减 10%）	方案 3（调减 15%）	方案 4（调减 20%）
小麦	2015	6 606.0	−5.29 (−349.6)	−11.59 (−765.7)	−19.19 (−1 267.9)	−28.50 (−1 882.6)
	2016	7 421.9	−6.46 (−479.7)	−13.87 (−1 029.1)	−22.47 (−1 667.9)	−32.64 (−2 422.3)

注：括号中数值为相对于基准值的绝对变化量；方案、1、2、3、4 分别在 2015 年最低收购价水平上调减 5%、10%、15%、20%。

调减 2015 年小麦最低收购价 5%（方案 1），2015 年小麦期末库存将下降 349.6 万吨，下降 5.29%（在 2015 年期末库存量 6 606.0 万吨基础上下降，下同），2016 年小麦期末库存量将下降 479.7 万吨，下降 6.46%（在 2016 年期末库存量 7 421.9 万吨基础上下降，下同）；调减 2015 年小麦最低收购价 10%（方案 2），2015 年小麦期末库存量将减少 765.7 万吨，下降 11.59%，2016 年小麦期末库存量将减少 1 029.1 万吨，下降 13.87%；调减 2015 年小麦最低收购价 15%（方案 3），2015 年小麦期末库存量将减少 1 267.9 万吨，下降 19.19%，2016 年小麦期末库存量将减少 1 667.9 万吨，下降 22.47%；调减 2015 年小麦最低收购价 20%（方案 4），2015 年小麦期末库存量将减少 1 882.6 万吨，下降 28.50%，2016 年小麦期末库存量将减少 2 422.3 万吨，下降 32.64%（表 8 - 11）。小麦最低收购价水平的调减对小麦期末库存影响较大，最低收购价每调减 5%，小麦当年期末库存量将下降 5.3% 左右，次年期末库存量将下降 6.5% 左右。调减小麦最低收购价可以有效缓解当前小麦高库存压力，完成小麦"去库存"任务。

8.3.2 粮食安全指标变化

我国人口众多，口粮需求量巨大，通常粮食安全是指粮食数量安全，即有足够的粮食产品可供国内居民消费。粮食安全可由自给率、库存消费比和进口依存度等指标来综合衡量。粮食自给率是评估一个国家或地区的粮食安全水平的重要指标，由当年粮食产量和当年粮食消费量的比值来表示。通常情况下，一个国家或地区的粮食自给率在100%以上，就实现粮食完全自给，即粮食绝对安全；自给率在95%～100%，属于基本自给；自给率在90%～95%，是可以接受的粮食安全水平；一旦自给率小于90%，粮食供求的风险就会大增，粮食安全就会受到威胁。库存消费比是本期期末库存量与本期消费量的比值，即库存消费比＝本期期末库存/本期消费量，是联合国粮食及农业组织提出的一项衡量粮食安全水平的重要指标，过高过低都属于危险状态。库存消费比下降，则表示供给水平下降，粮食安全状况恶化；上升则表示供给水平提高，粮食安全状况改善。按照联合国粮食及农业组织惯例，通常库存消费比维持在17%～18%，则处于粮食安全状态；考虑到我国人口基数庞大，宜适当保持相对较高的库存消费比。粮食进口依存度表示国内粮食消费对国际粮食市场的依赖程度，由当年粮食进口量除以国内粮食消费量表示。进口依存度越高，表明满足国内粮食需求对进口的依赖性越大，粮食处于不安全状态；进口依存度越低，则表明国内粮食需求主要依靠本国粮食生产，对国际市场的依赖性较小，粮食处于安全状态。

利用稻谷和小麦均衡模型分别对四种最低收购价调整方案进行模拟，得出各方案粮食安全指标变化情况。

（1）粮食自给率变化

价格支持水平调整对粮食自给率的影响是个动态的过程，其通过影响当年粮食消费对当年粮食自给率产生影响，通过影响次年粮食产量和消费量对次年粮食自给率产生影响。调减 2015 年稻谷最低收购价 5%（方案 1），2015 年稻谷自给率将下降到 104.71%，减少 0.84 个百分点（在 2015 年基准自给率水平 105.55%基础上下降，下同），2016 年稻谷自给率将下降到 105.03%，减少 0.73 个百分点（在 2016 年基准自给率水平 105.76％基础上下降，下同）；调减 2015 年稻谷最低收购价 10％（方案 2），2015 年稻谷自给率将下降到 103.81％，减少 1.74 个百分点，2016 年稻谷自给率将减少到 104.27％，下降 1.50 个百分点；调减 2015 年稻谷最低收购价 15％（方案 3），2015 年稻谷自给率将下降到 102.85％，减少 2.7 个百分点，2016 年稻谷自给率将减少到 103.46％，下降 2.3 个百分点；调减 2015 年稻谷最低收购价 20％（方案 4），2015 年稻谷自给率将下降到 101.82％，减少 3.73 个百分点，2016 年稻谷自给率将减少到 102.62％，下降 3.14 个百分点。调减稻谷最低收购价对稻谷自给率影响较明显，最低收购价每调减 5％，稻谷当年自给率将下降 0.84 个百分点，次年自给率将下降 0.73 个百分点（表 8 - 12）。

表 8 - 12　各价格支持政策调整方案下粮食自给率变化

单位：％，个百分点

作物	年份	基准自给率	方案 1（调减 5％）	方案 2（调减 10％）	方案 3（调减 15％）	方案 4（调减 20％）
稻谷（天）	2015	105.55	−0.84 (104.71)	−1.74 (103.81)	−2.70 (102.85)	−3.73 (101.82)
	2016	105.76	−0.73 (105.03)	−1.50 (104.27)	−2.30 (103.46)	−3.14 (102.62)
小麦	2015	105.82	−2.90 (102.92)	−6.20 (99.62)	−9.97 (95.84)	−14.28 (91.54)
	2016	103.90	−1.25 (102.65)	−2.55 (101.35)	−3.90 (99.99)	−5.32 (98.57)

　　注：括号中数值为各政策调整方案下自给率（％）；方案 1、2、3、4 分别在 2015 年最低收购价水平上调减 5％、10％、15％、20％。

小麦自给率变化要大幅高于稻谷。调减 2015 年小麦最低收购价 5％（方案 1），2015 年小麦自给率将下降到 102.92％，减少 2.9 个百分点（在 2015 年基准自给率水平 105.82％基础上下降，下同），2016 年小麦自给率将下降到 102.65％，减少 1.25 个百分点（在 2016 年基准自给率水平 103.90％基础上下降，下同）；调减 2015 年小麦最低收购价

10%（方案2），2015年小麦自给率将下降到99.62%，减少6.2个百分点，2016年小麦自给率将减少到101.35%，下降2.55个百分点，当年小麦自给率已小于100%；调减2015年小麦最低收购价15%（方案3），2015年小麦自给率将下降到95.84%，减少9.97个百分点，2016年小麦自给率将减少到99.99%，下降3.9个百分点；调减2015年小麦最低收购价20%（方案4），2015年小麦自给率将下降到91.54%，减少14.28个百分点，2016年小麦自给率将减少到98.57%，下降5.32个百分点。小麦最低收购价水平调减对小麦自给率会产生重大影响，最低收购价每调减5%，小麦当年自给率将下降约3个百分点，次年自给率将下降约1.3个百分点。当调减10%时，小麦自给率将下降到100%以下；调减15%时，小麦自给率接近95%；调减20%时，小麦自给率将接近90%，因此要严格控制小麦最低收购价的调减幅度，维持小麦一定的价格支持水平（表8-12）。

（2）库存消费比

粮食价格支持政策通过影响粮食期末库存量及消费量最终影响库存消费比，调减粮食价格支持水平将降低当年和次年粮食库存消费比。调减2015年稻谷最低收购价5%（方案1），2015年稻谷库存消费比将下降到72.15%，减少1.78个百分点（在2015年基准库存消费比73.93%基础上下降，下同），2016年稻谷库存消费比将下降到80.02%，减少1.97个百分点（在2016年基准库存消费比82.00%基础上下降，下同）；调减2015年稻谷最低收购价10%（方案2），2015年稻谷库存消费比将下降到70.32%，减少3.61个百分点，2016年稻谷库存消费比将减少到77.98%，下降4.02个百分点；调减2015年稻谷最低收购价15%（方案3），2015年稻谷库存消费比将下降到68.42%，减少5.51个百分点，2016年稻谷库存消费比将减少到75.85%，下降6.15个百分点；调减2015年稻谷最低收购价20%（方案4），2015年稻谷库存消费比将下降到66.44%，减少7.49个百分点，2016年稻谷库存消费比将减少到 73.61%，下降 8.38 个百分点（表 8-13）。调减稻谷最低收购价水平能对稻谷（米）库存消费比产生一定程度影响，最低收购价每调减 5%，稻谷（米）当年库存消费比将下降约 1.8 个百分点，次年库存消费比将下降约 2.0 个百分点。整体上，四种政策调整方案中库存消费比下降幅度不大，调减稻谷价格支持水平对去除稻谷（米）高库存起到一定作用，但相对于较高的库存水平，去库存效果并不明显。

表 8-13 各价格支持政策调整方案下粮食库存消费比变化

单位:%，个百分点

作物	年份	基准库存消费比	方案 1（调减 5%）	方案 2（调减 10%）	方案 3（调减 15%）	方案 4（调减 20%）
稻谷（米）	2015	73.93	−1.78（72.15）	−3.61（70.32）	−5.51（68.42）	−7.49（66.44）
	2016	82.00	−1.97（80.02）	−4.02（77.98）	−6.15（75.85）	−8.38（73.61）
小麦	2015	54.44	−4.29（50.15）	−9.13（45.31）	−14.59（39.84）	−20.77（33.67）
	2016	59.54	−3.89（55.65）	−8.33（51.21）	−13.48（46.06）	−19.55（39.99）

注：括号中数值为各政策调整方案下库存消费比（%）；方案 1、2、3、4 分别在 2015 年最低收购价水平上调减 5%、10%、15%、20%。

调减小麦最低收购价对小麦库存消费比的影响较大，相同政策调整方案下，小麦库存消费比的降低幅度要明显高于稻谷。调减 2015 年小麦最低收购价 5%（方案 1），2015 年小麦库存消费比将下降到 50.15%，减少 4.29 个百分点（在 2015 年基准库存消费比 54.44% 基础上下降，下同），2016 年小麦库存消费比将下降到 55.65%，减少 3.89 个百分点（在 2016 年基准库存消费比 59.54% 水平上下降，下同）；调减 2015 年小麦最低收购价 10%（方案 2），2015 年小麦库存消费比将下降到 45.31%，减少 9.13 个百分点，2016 年小麦库存消费比将减少到

51.21％，下降8.33个百分点；调减2015年小麦最低收购价15％（方案3），2015年小麦库存消费比将下降到39.84％，减少14.59个百分点，2016年小麦库存消费比将减少到46.06％，下降13.48个百分点；调减2015年小麦最低收购价20％（方案4），2015年小麦库存消费比将下降到33.67％，减少20.77个百分点，2016年小麦库存消费比将减少到39.99％，下降19.55个百分点。从模拟结果可以看出，小麦最低收购价水平的调整对小麦库存消费比影响较大，最低收购价每调减5％，小麦当年库存消费比将下降约4.3个百分点，次年库存消费比将下降约3.9个百分点，调减小麦价格支持水平能够起到较好的去库存作用（表8-13）。

(3) 进口依存度

粮食价格支持政策通过作用粮食进口量和消费量对粮食进口依存度产生影响，降低粮食价格支持水平能够刺激粮食进口，减少粮食消费，最终改变粮食进口依存度。调减2015年稻谷最低收购价5％（方案1），2015年稻谷（米）进口依存度将下降到2.07％，减少0.39个百分点（在2015年基准进口依存度2.46％基础上下降，下同），2016年稻谷（米）进口依存度将下降到2.57％，减少0.02个百分点（在2016年基准进口依存度2.59％基础上下降，下同）；调减2015年稻谷最低收购价10％（方案2），2015年稻谷（米）进口依存度将下降到1.73％，减少0.73个百分点，2016年稻谷（米）进口依存度将减少到2.54％，下降0.05个百分点；调减2015年稻谷最低收购价15％（方案3），2015年稻谷（米）进口依存度将下降到1.43％，减少1.03个百分点，2016年稻谷（米）进口依存度将减少到2.52％，下降0.07个百分点；调减2015年稻谷最低收购价20％（方案4），2015年稻谷（米）进口依存度将下降到1.17％，减少1.29个百分点，2016年稻谷（米）进口依存度将减少到2.49％，下降0.1个百分点（表8-14）。调减稻谷最低收购价虽能降低稻谷进口依存度，但整体上对进口依存度影响不大，稻谷最低收购价每调减 5%，稻谷当年进口依存度将下降约 0.4 个百分点，次年进口依存度将下降约 0.02 个百分点。我国稻谷（米）进口量占消费量的比重较小，不足 3%，国内大米消费需求主要依靠国内生产，稻谷最低收购价政策的调整不足以实质性改变我国稻谷（米）进口依存状况。

表 8－14　各价格支持政策调整方案下粮食进口依存度变化

单位:%，个百分点

作物	年份	基准进口依存度	方案 1（调减 5%）	方案 2（调减 10%）	方案 3（调减 15%）	方案 4（调减 20%）
稻谷（米）	2015	2.46	−0.39 (2.07)	−0.73 (1.73)	−1.03 (1.43)	−1.29 (1.17)
	2016	2.59	−0.02 (2.57)	−0.05 (2.54)	−0.07 (2.52)	−0.10 (2.49)
小麦	2015	2.48	−0.12 (2.35)	−0.21 (2.27)	−0.24 (2.24)	−0.22 (2.26)
	2016	2.74	0.20 (2.94)	0.43 (3.17)	0.69 (3.43)	0.99 (3.73)

注：括号中数值为各政策调整方案下进口依存度（%）；方案1、2、3、4分别在2015年最低收购价水平上调减5%、10%、15%、20%。

降低小麦最低收购价水平能够减少小麦消费量，改变小麦进口量，导致小麦当年进口依存度减少，次年进口依存度增加。调减 2015 年小麦最低收购价 5%（方案 1），2015 年小麦进口依存度将下降到 2.35%，减少 0.12 个百分点（在 2015 年基准进口依存度 2.48% 基础上下降，下同），2016 年小麦进口依存度将上升至 2.94%，增加 0.2 个百分点（在 2016 年基准进口依存度 2.74% 基础上增加，下同）；调减 2015 年小麦最低收购价 10%（方案 2），2015 年小麦进口依存度将下降到 2.27%，减少 0.21 个百分点，2016 年小麦进口依存度将上升至 3.17%，提高 0.43 个百分点；调减 2015 年小麦最低收购价 15%（方案 3），2015 年小麦进口依存度将下降到 2.24%，减少 0.24 个百分点，2016 年小麦进口依存度将提高到 3.43%，增加 0.69 个百分点；调减 2015 年小麦最低收购价 20%

（方案 4），2015 年小麦进口依存度将下降到 2.26%，减少 0.22 个百分点，2016 年小麦进口依存度将提高到 3.73%，上升 0.99 个百分点（表 8-14）。总体上，小麦最低收购价政策调整对小麦进口依存状况影响不大，当前小麦进口量变化不足以威胁到我国小麦口粮安全。

8.3.3　种粮收益变化

粮食价格支持政策通过影响粮食价格和单产水平对种粮收益产生影响，调减粮食价格支持水平势必会减少粮食种植收益。由于粮食生产成本一旦上升后难以下降，粮食价格支持政策对粮食生产成本的作用方向不具有可逆性，即提升粮食价格支持水平时，生产成本会增加，而降低价格支持水平时，生产成本不会同步减少，或者减少程度有限；因此，在模拟分析种粮收益变化时不计算粮食生产成本变化。

调减 2015 年稻谷最低收购价 5%（方案 1），2015 年稻谷每亩收益将下降 45.6 元，下降 3.61%（在 2015 年收益水平 1 261.9 元/亩基础上下降，下同），2016 年稻谷每亩收益将下降 5.7 元，下降 0.45%（在 2016 年收益水平 1 255.9 元/亩基础上下降，下同）；调减 2015 年稻谷最低收购价 10%（方案 2），2015 年稻谷每亩收益将下降 91.9 元，下降 7.28%，2016 年稻谷每亩收益减少 11.6 元，下降 0.92%；调减 2015 年稻谷最低收购价 15%（方案 3），2015 年稻谷每亩收益减少 138.9 元，下降 11.01%，2016 年稻谷每亩收益减少 17.9 元，下降 1.42%；调减 2015 年稻谷最低收购价 20%（方案 4），2015 年稻谷每亩收益减少 186.7 元，下降 14.79%，2016 年稻谷每亩收益减少 24.5 元，下降 1.95%（表 8-15）。稻谷支持价格水平的调减对稻谷种植收益影响较大，稻谷最低收购价每调减 5%，稻谷当年每亩种植收益将下降 3.6%，次年每亩种植收益将下降 0.5%。在 5%、10%、15% 和 20% 四种稻谷最低收购价政策调整方案下，稻谷当年、次年每亩收益之和分别减少 51.3 元、103.5 元、156.8 元和 211.2 元。

表 8 - 15　各价格支持政策调整方案下种粮收益变化

单位：%，个百分点

作物	年份	基准种粮收益	方案 1（调减 5%）	方案 2（调减 10%）	方案 3（调减 15%）	方案 4（调减 20%）
稻谷（米）	2015	1 261.9	−3.61（−45.6）	−7.28（−91.9）	−11.01（−138.9）	−14.79（−186.7）
	2016	1 255.9	−0.45（−5.7）	−0.92（−11.6）	−1.42（−17.9）	−1.95（−24.5）
小麦	2015	825.9	−4.07（−33.6）	−8.19（−67.6）	−12.34（−101.9）	−16.54（−136.6）
	2016	797.8	−0.66（−5.2）	−1.34（−10.7）	−2.06（−16.5）	−2.82（−22.5）

注：括号中数值为相对于基准值的绝对变化量；方案 1、2、3、4 分别在 2015 年最低收购价水平上调减 5%、10%、15%、20%。

调减 2015 年小麦最低收购价 5%（方案 1），2015 年小麦每亩种植收益将下降 33.6 元，下降 4.07%（在 2015 年收益水平 825.9 元/亩基础上下降，下同），2016 年小麦每亩收益将下降 5.2 元，下降 0.66%（在 2016 年收益水平 797.8 元/亩基础上下降，下同）；调减 2015 年小麦最低收购价 10%（方案 2），2015 年小麦每亩收益将下降 67.6 元，下降 8.19%，2016 年小麦每亩收益减少 10.7 元，下降 1.34%；调减 2015 年小麦最低收购价 15%（方案 3），2015 年小麦每亩收益减少 101.9 元，下降 12.34%，2016 年小麦每亩收益减少 16.5 元，下降 2.06%；调减 2015 年小麦最低收购价 20%（方案 4），2015 年小麦每亩收益减少 136.6 元，下降 16.54%，2016 年小麦每亩收益减少 22.5 元，下降 2.82%（表 8 - 15）。小麦支持价格水平的调减对小麦种植收益产生较大影响，小麦最低收购价每调减 5%，小麦当年每亩种植收益将下降约 4.1%，次年每亩种植收益将下降约 0.7%。在 5%、10%、15% 和 20% 四种小麦最低收购价政策调整方案下，小麦当年、次年每亩收益之和分别减少 38.8 元、78.3 元、118.4 元和 159.1 元。

8.4 玉米临时收储政策取消的模拟结果

取消玉米临时收储价格政策，将降低玉米出售价格；当玉米价格下降时，玉米单产、生产成本、产量、进口、期末库存将会减少；而玉米价格下降将会刺激消费，扩大玉米出口，导致玉米消费和出口增加。模拟结果显示，当在2015年取消玉米临时收储政策时，当年玉米平均出售价格将下降14.5%，较实际价格减少13.6元/50千克；次年玉米每亩单产将减少0.05千克，下降幅度约为0.9%；当年和次年玉米生产成本将减少18.5元和6.2元，分别下降2.2%和0.8%；玉米次年产量将减少744.3万吨，减少幅度约2.86%；玉米消费量将增加1003.3万吨，增加4.38%；当年玉米进口将减少200.3万吨，降幅高达42.3%；玉米出口量将增加2.1万吨；最终，玉米当年库存量将减少1205.7万吨，下降5.8%，次年库存量将减少1949.9万吨，下降9.0%（表8-16）。

表8-16 玉米临时收储政策取消后玉米市场变化

单位：%，元/50千克，元/亩，万吨

年份	价格	单产	成本	产量	消费	进口	出口	期末库存
2015	−14.5 (−13.6)	— (—)	−2.2 (−18.5)	— (—)	4.38 (1 003.3)	−42.3 (−200.3)	193.1 (2.1)	−5.8 (−1 205.7)
2016	— (—)	−0.9 (−0.05)	−0.8 (−6.20)	−2.86 (−744.3)	— (—)	— (—)	— (—)	−9.0 (−1 949.9)

注：括号中数值为相较于基准值的绝对变化量。
数据来源：模型求解。

取消玉米临时收储政策，将降低玉米自给率和库存消费比，减少玉米进口依存度；同时玉米每亩收益也将减少。实证来看，当2015年取消玉米临时收储政策时，2015年玉米自给率将由原来的113.29%下降为108.50%，下降4.79个百分点，2016年玉米自给率将由101.97%下降为99.05%，下降2.92个百分点；当年玉米库存消费比将从90.84%

下降至 81.98％，减少 8.86 个百分点，次年库存消费比将从 84.87％下降至 77.14％，减少 7.73 个百分点；当年玉米进口依存度将降至 1.14％，减少 0.93 个百分点；当年每亩纯收益将从－105.1 元减少到－193.4 元（因生产成本中包含自家用工成本，故纯收益可能为负值），每亩纯收益净减少 88.3 元，2016 年每亩纯收益略有增加，约增加 1.2 元（表 8-17）。

表 8-17　玉米临时收储政策取消后玉米自给和收益变化

单位：个百分点,％,元/亩

年份	自给率		库存消费比		进口依存度		种植收益	
	基期	取消后	基期	取消后	基期	取消后	基期	取消后
2015	113.29	−4.79 (108.5)	90.84	−8.86 (81.98)	2.07	−0.93 (1.14)	−105.1	−88.3 (−193.4)
2016	101.97	−2.92 (99.05)	84.87	−7.73 (77.14)	1.24	0.00 (1.24)	−218.9	1.2 (−217.7)

注：括号中数值为政策取消后各指标数值。
数据来源：模型求解。

2014 年我国执行玉米临时收储价格位于最高水平，取消玉米临储政策的影响效果应与玉米临时收储价格最高年份相比较而得出。表 8-18 列示了 2014 年、2015 年模拟取消玉米临时收储政策时玉米安全指标和种植收益。若 2015 年取消玉米临时收储政策，当年我国玉米自给率将从 2014 年 123.5％下降至 108.5％，下降 15 个百分点；玉米库存消费比将从 2014 年的 83.9％下降至 82％，下降 1.9 个百分点，下降幅度并不大；进口依存度将从 2014 年的 1.3％降低至 1.1％，减少约 0.2 个百分点，变化很小；玉米每亩种植收益将从 2014 年 41.9 元减少到－193.4 元水平，减少 235.3 元（表 8-18）。取消玉米价格支持后，农民玉米种植收益将大幅减少，为保持玉米种植收益水平保持在临储政策取消前水平，玉米生产补贴标准应达到 235.3 元/亩以上水平。

表 8 - 18   2015 年临时收储政策取消后玉米自给和收益较 2014 年水平变化

单位：%，元/亩

指标	2014 年	2015 年	差额
玉米自给率	123.5	108.5	−15.0
库存消费比	83.9	82.0	−1.9
进口依存度	1.3	1.1	−0.2
种植收益	41.9	−193.4	−235.3

数据来源：根据模拟结果整理。

8.5 本章小结

粮食价格支持政策调整通过作用粮食价格、生产成本等，对粮食市场供需、农民种粮收益等产生影响。调减最低收购价水平能够显著改变国内稻谷、小麦生产和需求状况，可以降低粮食产量，刺激国内粮食消费需求量。最低收购价水平每调减 5%，稻谷和小麦产量将分别下降 0.66% 和 1.13%，消费需求量将分别增加 0.80% 和 2.81%；比较可知，小麦市场供给和需求对价格支持水平调整的反应较大，而稻谷市场供需相对稳定，市场变化程度要小于小麦。调减粮食最低收购价水平，可以缓解粮食库存压力，最低收购价水平每调减 5%，能分别降低稻谷和小麦当年期末库存 1.62% 和 5.29%，分别降低次年期末库存 2.38% 和 6.46%；小麦期末库存量下降幅度较大，政策调整对小麦去库存效果十分明显，虽然价格支持政策调整对降低稻谷的期末库存量也起到一定作用，但相对于稻谷期末库存的总量来说，调整稻谷最低收购价水平对去稻谷库存的作用仍较有限。对于粮食出口，因稻谷和小麦进口的影响因素不同，最低收购价水平的调减对稻谷和小麦的进口有不同影响，降低稻谷最低收购价水平将减少整体稻谷进口量，而降低小麦最低收购价能够增加小麦整体进口水平。总体而言，我国稻谷和小麦的进口量较少，不足国内粮食需求量的 3%，而且有相应的配额管制，最低收购价水平调整不会明显改变国内口粮供给格局，不会危及我国粮食安全。调减最低收购价水平虽然能增加粮食出口，但我国粮食出口量很少，政策调整对粮食出口总量影响很小（表8-19，表8-20）。

表8-19　各最低收购价调整方案下稻谷（米）市场变化

单位：%，元/50千克，千克/亩，元/亩，万吨

方案	年份	价格	单产	成本	产量	消费	进口	出口	期末库存
方案1 （调减5%）	2015	−3.61 （−5.0）	— （—）	−4.20 （−41.5）	— （—）	0.80 （110.6）	−14.99 （−50.6）	12.71 （3.6）	−1.62 （−164.8）
	2016	−0.20 （−0.3）	−0.25 （−1.2）	−0.91 （−8.9）	−0.66 （−96.5）	0.03 （3.8）	−0.87 （−3.1）	0.64 （0.3）	−2.38 （−268.5）
方案2 （调减10%）	2015	−7.28 （−10.1）	— （—）	−8.44 （−83.3）	— （—）	1.68 （230.4）	−28.36 （−95.8）	27.86 （8.0）	−3.29 （−334.2）
	2016	−0.41 （−0.6）	−0.52 （−2.4）	−1.85 （−18.2）	−1.36 （−197.6）	0.06 （7.7）	−1.78 （−6.3）	1.33 （0.5）	−4.85 （−546.3）
方案3 （调减15%）	2015	−11.01 （−15.2）	— （—）	−12.72 （−125.6）	— （—）	2.62 （360.9）	−40.22 （−135.8）	46.10 （13.2）	−5.02 （−510.0）
	2016	−0.62 （−0.9）	−0.80 （−3.7）	−2.84 （−27.9）	−2.09 （−303.7）	0.09 （11.9）	−2.72 （−9.7）	2.06 （0.8）	−7.42 （−836.1）
方案4 （调减20%）	2015	−14.79 （−20.4）	— （—）	−17.04 （−168.2）	— （—）	3.66 （503.9）	−50.66 （−171.1）	68.29 （19.6）	−6.83 （−694.6）
	2016	−0.86 （−1.2）	−1.10 （−5.1）	−3.88 （−38.0）	−2.86 （−415.3）	0.12 （16.4）	−3.72 （−13.3）	2.83 （1.1）	−10.12 （−1 140.7）

注：括号中数值为相对于基准值的绝对变化量；方案1、2、3、4分别在2015年稻谷平均最低收购价水平上调减5%、10%、15%、20%；价格、单产和成本为稻谷的出售价格、亩均产量和亩均成本，其他为大米数据，稻谷出米率约为0.7。

表8-20　各最低收购价调整方案下小麦市场变化

单位：%，元/50千克，千克/亩，元/亩，万吨

方案	年份	价格	单产	成本	产量	消费	进口	出口	期末库存
方案1 （调减5%）	2015	−4.07 （−4.7）	— （—）	−5.27 （−41.3）	— （—）	2.81 （341.4）	−2.34 （−7.0）	9.35 （1.1）	−5.29 （−349.6）
	2016	−0.13 （−0.2）	−0.53 （−1.9）	−0.98 （7.9）	−1.13 （−146.8）	0.07 （8.6）	7.42 （25.3）	0.28 （0.03）	−5.46 （−479.7）

（续）

方案	年份	价格	单产	成本	产量	消费	进口	出口	期末库存
方案2（调减10%）	2015	−8.19（−9.5）	—（—）	−10.52（−82.5）	—（—）	6.22（755.3）	−2.64（−7.9）	20.15（2.5）	−11.59（−765.7）
	2016	−0.27（−0.3）	−1.08（−3.9）	−2.01（−16.2）	−2.31（−299.7）	0.14（17.7）	15.84（54.0）	0.58（0.07）	−13.87（−1 029.1）
方案3（调减15%）	2015	−12.34（−14.4）	—（—）	−15.76（−123.6）	—（—）	10.41（1 262.9）	−0.35（−1.0）	32.73（4.0）	−19.19（−1 267.9）
	2016	−0.41（−0.5）	−1.66（−5.9）	−3.08（−24.9）	−3.55（−459.4）	0.22（27.4）	25.46（86.9）	0.90（0.1）	−22.47（−1 667.9）
方案4（调减20%）	2015	−16.54（−19.3）	—（—）	−20.98（−164.6）	—（—）	15.60（1 893.3）	5.50（16.5）	47.52（5.8）	−28.50（−1 882.6）
	2016	−0.57（−0.6）	−2.27（−8.1）	−4.21（−33.9）	−4.84（−626.6）	0.30（37.8）	36.55（124.7）	1.23（0.14）	−32.64（−2 422.3）

注：括号中数值为相对于基准值的绝对变化量；方案1、2、3、4分别在2015年小麦最低收购价水平上调减5%、10%、15%、20%。

最低收购价调整对粮食安全状况产生重大影响，调减最低收购价水平能够减少粮食产量，增加消费需求，降低粮食自给率。最低收购价水平每调减5%，稻谷和小麦当年自给率将分别下降约0.84个和2.90个百分点，次年自给率将分别下降约0.73个和1.25个百分点。价格支持水平调整对小麦自给率影响十分明显，小麦是我国北方居民的主要口粮，当小麦最低收购价下调10%时，小麦自给率将跌破100%，对小麦口粮安全造成威胁。当稻谷最低收购价水平下调20%时，稻谷自给率也将接近100%水平。口粮自给率一旦大幅下滑，将很难提升，即便提升，为之付出的代价也十分巨大，考虑到我国未来人口、城镇化等因素，粮食需求将保持刚性增长，因此必须要保持较高的口粮自给水平。从维持口粮安全的角度，最低收购价水平的调整幅度不宜太大，小麦应控制在10%以内，稻谷控制在20%以内（表8-21）。

表 8 - 21　各政策调整方案下粮食安全指标变化

单位：个百分点

方案	年份	自给率		库存消费比		进口依存度	
		稻谷	小麦	稻谷	小麦	稻谷	小麦
方案 1 （调减 5%）	2015	−0.84	−2.90	−1.78	−4.29	−0.38	−0.12
	2016	−0.73	−1.25	−1.97	−3.89	−0.02	0.20
方案 2 （调减 10%）	2015	−1.74	−6.20	−3.61	−9.13	−0.73	−0.21
	2016	−1.50	−2.55	−4.02	−8.33	−0.05	0.43
方案 3 （调减 15%）	2015	−2.70	−9.97	−5.51	−14.59	−1.03	−0.24
	2016	−2.30	−3.90	−6.15	−13.48	−0.07	0.69
方案 4 （调减 20%）	2015	−3.73	−14.28	−7.49	−20.77	−1.29	−0.22
	2016	−3.14	−5.32	−8.38	−19.55	−0.10	0.99

注：方案 1、2、3、4 分别在 2015 年小麦最低收购价水平上调减 5%、10%、15%、20%。

　　调减粮食价格支持水平将降低我国粮食库存消费比，最低收购价水平每调减 5%，稻谷和小麦当年库存消费比将分别下降 1.78 个和 4.29个百分点，次年库存消费比将分别下降 1.97 个和 3.89 个百分点，考虑到我国粮食库存消费比较高，水稻在 70% 以上，小麦在 60% 左右，降低粮食最低收购价水平对缓解粮食库存压力有一定效果，但效果并不理想，应积极将粮食库存转化为国内消费，不仅能有效降低库存，而且还能满足一定的国内粮食消费需求。调减粮食最低收购价水平将减少稻谷的进口依存度，整体提高小麦进口依存度，但影响效应很小，不足以改变我国口粮供给结构，国内口粮供给仍然牢牢依靠国内生产。

　　调减最低收购价水平势必减少农民收入，损害生产者切身利益，在调减粮食最低收购价水平的同时，必须配套出台相应的生产者补贴措施，以保持农民及新型经营主体的种粮积极性和生产连续性。最低收购价每调减 5%，稻谷每亩种植收益将减少 3.61% 左右，小麦每亩种植收益将减少 4.07% 左右；调减 5%、10%、15%、20% 时，水稻每亩种植收益分别减少 51.3 元、103.5 元、156.8 元和 211.2 元，小麦每亩种植收益分别减少 38.8 元、78.3 元、118.4 元和 159.1 元（当年和次年减少收益之和）。出于保护生产者根本利益考虑，各种最低收购价调整方案下，每亩执行相应金额的补贴标准，才能保证农民及其他经营主体种粮收益维持原有水平。

玉米临时收储政策取消后，玉米市场价格、产量、消费和期末库存量将发生明显变化，农户玉米平均出售价格将减少 14.5%，玉米产量将减少 2.86%，玉米消费量将增加 4.38%，玉米当年和次年期末库存量将分别减少 5.8% 和 9.0%，玉米当年和次年自给率分别下降 4.79 个和 2.92 个百分点，库存消费比分别下降 8.86 和 7.73 个百分点；进口依存度也会降低，但影响较小。随着临储政策取消和玉米生产结构逐步调整，我国玉米产量将会持续减少，而玉米消费需求量稳定增加的势头不会改变，因此未来我国玉米自给水平将会继续下降。相对于当前较高的玉米库存量，玉米库存减少量仍然不足以明显缓解当前玉米高库存状况，需积极采取其他措施完成玉米去库存任务。对于玉米种植收益，取消玉米临时收储政策后，农户每亩种植收益较 2014 年将减少 235.3 元，为保证农户玉米种植收益不减少，玉米每亩生产补贴应达到 235.3 元以上水平。

第9章 研究结论及政策建议

    粮食价格支持政策在国家粮食安全战略框架中有着至关重要的地位。20世纪90年代末，我国粮食产量持续下滑，国家粮食安全受到挑战，为提高农民种粮积极性、保障国家粮食安全，政府相继出台了稻谷、小麦最低收购价政策。然而随着价格支持水平的不断提高，政策负面作用日益凸显，如国内粮食库存快速增加、国内外粮食价差逐步扩大、农业生产成本不断上涨等，粮食价格支持政策的改革呼声越来越大，我国于2017年开始下调粮食最低收购价水平，以求缓解国内粮食市场压力。本书首先对我国粮食价格政策演变历程进行梳理，分析我国当前粮食价格支持政策的执行情况，分析比较了价格支持政策执行后我国粮食市场变化，并讨论了粮食价格支持政策对推动农业供给侧结构性改革的潜在作用；其次，着重考察价格支持政策作用机制，实证分析价格支持政策对粮食市场价格、生产成本的直接影响效应；再次，基于价格支持政策的作用机制，构建稻谷、小麦和玉米供需均衡模型，设置不同价格支持水平调整方案，模拟分析了不同政策调整方案下，我国粮食市场的供需状况、自给水平以及农户种粮收益的变化等；最后，归纳总结主要研究结论，并从保障国家粮食安全、完善粮食价格支持政策、推进农业供给侧结构性改革等方面提出相关对策建议。

9.1　研究结论

9.1.1　价格支持政策与国内外粮食价差形成

近年国内外粮食价差扩大的主要原因是国际粮食价格的大幅下滑，而国内粮食价格支持政策并不是国内外粮食价差形成并扩大的主要原因。2012 年以后，受国内价格支持政策影响，国内粮食价格保持相对平稳，而国际粮食市场很不稳定，国际粮价出现大幅下跌，由此造成明显的内外价格差异。2012—2016 年，国内外市场每 50 千克大米价差由 22.4 元增加至 87.2 元，价差净扩大 64.8 元，其中，因国内大米价格上涨形成价差 10.6 元，占总扩大价差的 16.4%，因国际大米价格下跌形成价差 54.2 元，占总扩大价差的 83.6%；同期小麦国内价格上涨和国际价格下跌所形成的价差占比分别为 23.5% 和 76.5%。国内粮食价格支持政策的执行并没有明显导致当前国内外粮食价格差异；相反，正是由于价格支持政策的存在，才使国内粮食价格免受国际粮价冲击，有效保护了我国粮食生产发展和农民利益。

9.1.2　价格支持政策与粮食进口增加

近年我国粮食进口呈明显上升趋势，引发国内外广泛关注和担忧。事实上，我国粮食中只有大豆进口量较多，2016 年高达 9 349.5 万吨，约为当年大米、小麦、玉米三类粮食作物进口量之和的 10 倍。大豆和主粮品种的战略地位不同，将大豆计入粮食进口，不能如实反映我国粮食安全状况，容易掩盖真相，造成不必要恐慌，不利于我国粮食产业健康发展。因此，在论及粮食安全问题时，应区分粮食品种，不可一概而论。虽然近年我国三大主粮进口明显增加，但进口总量仍然较小，不足国内消费量的 3%；且我国对主粮进口采取配额管理，2016 年大米、小麦和玉米进口量分别为 356.0 万吨、341.2 万吨和 316.8 万吨，分别只占各自进口配额的 66.9％、35.4％和 44％。当进口量超出关税配额时，国外粮食将因高关税失去价格优势，届时主粮进口增长趋势将得到有效遏制。因此，继续执行价格支持政策不会导致我国口粮进口持续大幅增加。事实上，保持适当主粮进口不仅不会对我国粮食安全构成威胁，而且还能起到调节国内短缺品种、优化国内粮食供给结构的作用。

9.1.3　价格支持政策存在的主要问题

当前我国粮食价格支持政策存在的主要问题有：一是价格支持水平相对较高，政策负面影响日益显现。如粮食库存增加、生产成本上升、市场调节机制弱化等，价格支持水平有待适当调减，以缓解当前粮食市场压力。二是价格支持政策只注重总量的调控，没有对质量进行有效调节。当前我国粮食价格支持政策的目标主要在于激发农民种粮积极性，提高粮食总产量，保障粮食总体供需平衡，造成市场粮食品质良莠不齐，挫伤农户生产优质粮食的积极性。三是政策缺乏地区差异性，难以突出区域优势。我国农业资源丰富，气候地域性特征明显，形成了不同农业优势产区。不同产区粮食作物生产的比较优势各不相同，而当前在各地区执行同一、无差别的价格支持水平，无疑不利于引导优势资源要素聚集，难以起到整合优质资源、突出地区优势的作用。四是价格支持政策和优良品种联系不够紧密，不能发挥应有的导向作用。在促进优良品种推广方面，价格支持政策可以发挥很好的导向作用，推动优良新品种推广应用；而目前价格支持政策体系略显简单，只对粮食大类进行区分，而每类粮食的品种多样，品质、口感等差异明显，需要随着时代的发展对支持品种进行细化区分，实现优品优价，提高优质品质比重。

9.1.4　价格支持政策在农业供给侧结构性改革中的作用

在推进农业供给侧结构性改革背景下，通过对粮食价格支持政策进行适当调整，可以起到提高粮食品质、优化区域布局和调节品种结构等作用。一是通过适当调低价格支持水平，拉开粮食价格区分度，发挥市场作用机制，使粮食品质等级差异通过价格得以体现，形成优质优价导向机制，促进优质优等粮食生产，提升优质优等粮食比重。二是通过适当提高粮食优势产区价格支持水平，有利于稳定和扩大优势产区种植面积，促进区域优势资源要素聚集，提高资源配置效率，优化全国粮食产业布局结构，提升优质稻米、专用小麦等优质粮食产品供给能力。三是通过适当提高食味口感好、抗性强等优良新品种的价格支持水平，不仅有利于促进优质产品生产，增加优良品种供给，满足居民日益增长的食味品质需求，还有利于促进良种推广，提高粮食生产科技含量，节约化肥、农药等要素使用，保护农业生态环境，促进粮食产业高质量发展。

9.1.5　价格支持政策对粮食市场价格的影响

价格支持政策通过市场预期、直接干预等作用机制影响粮食市场价格，是决定国内粮食价格的主导因素。我国粮食价格支持水平通常于次年粮食生产前公布，提前公布粮食价格支持水平有利于形成市场预期，影响粮食买卖双方博弈，引导粮食市场价格向支持价格靠拢；当市场价格低于最低收购价时，政府委托国有粮食企业入市收购新产粮食，政府干预行为实质上增加了市场需求，从而起到支撑粮食价格的作用。此外，通过地区间价格传递机制，价格支持政策对非政策执行地区的粮食价格也能产生正向影响。总而言之，价格支持政策通过引导市场形成预期、直接买卖干预及地区间价格传递等路径对国内粮食价格产生正向影响。实证研究结果表明，粮食价格支持政策对国内粮食市场价格产生显著影响，是决定当前国内粮食价格水平的最主要因素；稻谷和小麦生产价格对各自最低收购价的反应弹性分别为 0.509 和 0.609，该弹性系数为后续粮食价格支持政策的建模评价研究提供重要参数依据。

9.1.6　价格支持政策对粮食生产成本的影响

　　价格支持政策显著抬升粮食生产成本，是导致我国农业生产成本攀升的重要原因。粮食价格支持政策的执行诱发农户为提高单产而加大单位面积生产要素投入，并引发了生产资料价格普遍大幅上涨，在单位面积投入增加及要素价格上涨两方面因素作用下，粮食单位面积生产成本大幅上升；实证结果显示，最低收购价水平每提高 1%，稻谷、小麦生产成本将分别提高 0.647% 和 0.811%。一直以来，政府在制定粮食价格支持水平时，以生产成本为重要参考依据，当生产成本上涨时，为保障农民种粮仍有收益，政府选择提高粮食价格支持水平；提高价格支持水平将进一步刺激生产成本，并再次诱使政府继续提高价格支持水平，从而在粮食价格支持水平和生产成本之间出现不断相互抬升，最终导致当前我国高价格支持水平和高生产成本并存局面。农业高成本不仅抵消农户种粮收益，也使我国农业发展缺乏效率和竞争力。

　　政府制定价格支持政策的初衷在于提高农民种粮收益、保护农民种粮积极性，该政策的实施却无形中大幅抬升了粮食生产成本。价格支持政策增加农民收入的作用，在很大程度上被政策本身所引致的成本增加所抵消，从而削弱了价格支持政策的实际增收效果，使政策在增收目标上缺乏效率。未来我国粮食价格支持政策的调整和改革，需充分考虑生产成本因素，严防成本出现快速非理性上涨。

9.1.7　价格支持水平调整对粮食供需状况的影响

　　价格支持政策主要通过干预价格对粮食市场供需产生影响。调减最低收购价水平能够显著改变我国粮食生产和需求状况，可以降低粮食产量，刺激国内粮食消费需求量；最低收购价每调减 5%，稻谷和小麦产量将分别下降 0.66% 和 1.13%，稻谷和小麦的消费需求量将分别上升 0.80% 和 2.81%。比较可知，小麦市场供需对价格支持水平调整的反应较明显，而稻谷市场供需变化相对较小。玉米临时收储政策取消后，玉米产量将下降 2.86%，消费量将上升 4.38%。

调减粮食价格支持水平，对去除粮食库存的作用有限。降低粮食价格支持水平，可以降低粮食期末库存水平，最低收购价水平每调减 5%，能分别降低稻谷和小麦当年期末库存 1.62% 和 5.29%，分别降低次年期末库存 2.38% 和 6.46%；取消玉米临时收储政策，玉米当年和次年库存量将分别下降 5.8% 和 9.0%。虽然调整粮食价格支持政策能够起到一定的降低粮食库存作用，但相对于当前我国较高的粮食库存总量来说，价格支持政策调整的去库存作用仍然十分有限，依靠调减价格支持水平去除粮食库存的效果并不理想。去除粮食库存、改善当前粮食储备状况，需要积极采取其他有效措施。

调整价格支持水平对粮食进出口影响很小。对于粮食进口，因稻谷和小麦进口的影响因素不同，最低收购价调整对稻谷和小麦进口产生不同影响。降低最低收购价水平将减少稻谷进口量，增加小麦进口量；取消玉米临时收储政策，玉米进口将会减少。我国稻谷、小麦和玉米进口量较少，不到各自国内需求量的 3%，且有相应的配额管理措施，若进口量超过进口配额，则对国外进口加征 65% 的关税，因此未来我国主粮进口数量不会出现较大波动。当前我国粮食出口量很少，政策调整对粮食出口总量的影响微乎其微。总之，粮食价格支持政策调整不会改变我国主粮贸易格局，国内市场主粮供应仍然将牢牢依靠国内生产。

9.1.8　价格支持政策调整对国家粮食安全的影响

最低收购价调整会对粮食自给水平产生重大影响。降低价格支持水平能够减少粮食产量、增加粮食消费需求，进而降低粮食自给率水平，并对我国粮食安全状况产生重大影响。最低收购价水平每调减 5%，稻谷和小麦当年自给率将分别下降约 0.84 个和 2.9 个百分点，次年自给率将分别下降 0.73 个和 1.25 个百分点。小麦是我国北方居民的主要口粮，价格支持水平调整对小麦自给率影响十分明显，当小麦最低收购价下调 10％时，小麦自给率将跌破 100％的绝对安全底线，给小麦口粮安全造成严重威胁。稻谷（米）是我国最主要口粮品种，在国家粮食安全中的战略地位十分突出，当稻谷最低收购价水平下调 20％时，稻谷自给率也将跌至接近 100％水平，稻米口粮安全也将面临重大考验。

调减粮食价格支持水平能降低我国粮食库存消费比，能够起到一定的去库存作用，但总体作用效果有限。最低收购价每调减 5％，稻谷和小麦当年库存消费比将分别下降 1.78 个和 4.29 个百分点，次年库存消费比将分别下降 1.97 个和 3.89 个百分点；取消玉米临时收储价格政策将导致玉米当年库存消费比下降 8.86 个百分点，次年库存消费比下降 7.73 个百分点。鉴于当前我国粮食库存消费比很高，玉米库存消费比达到 90％，水稻在 80％以上，小麦也有 60％左右，调减粮食最低收购价水平对粮食去库存作用效果并不理想。应积极将现有粮食库存转化为国内消费，这样不仅能有效降低库存水平，还能满足一定的国内粮食消费需求。

调减粮食价格支持水平对我国主粮进口依存度影响很小。降低粮食最低收购价水平，将减少稻谷的进口依存度、整体提高小麦进口依存度；最低收购价每调减 5％，稻谷当年进口依存度将下降 0.39 个百分点，小麦当年进口依存度将下降 0.12 个百分点。取消玉米临储政策，将使当年玉米进口依存度下降 0.39 个百分点。粮食价格支持水平调整对我国粮食进口依存度影响很小，不足以改变我国粮食供需及贸易结构。

9.1.9　价格支持政策调整对农民种粮收益的影响

调减粮食最低收购价或取消玉米临时收储政策势必会影响农民种粮

收益，损害农民切身利益，因土地流转成本较高且固定，对种粮大户打击尤为巨大。最低收购价每调减 5%，稻谷每亩种植收益将减少3.61%，小麦每亩种植收益将减少 4.07%；最低收购价调减 5%、10%、15%、20%时，稻谷当年和次年的每亩收益之和分别减少 51.3元、103.5 元、156.8 元和 211.2 元，小麦当年和次年的每亩收益之和分别减少 38.8 元、78.3 元、118.4 元和 159.1 元；取消玉米临时收储政策后，农户每亩玉米种植收益将较临储价格最高时（2014 年）减少235.3 元。各种价格支持政策调整方案下，执行相应金额的补偿标准，才能保证农民及各类经营主体种粮收益维持在原有水平。粮食价格支持政策调整改革时，须配套出台生产者补贴措施，执行相应补贴标准，以保障农民及各类经营主体的种粮积极性和生产连续性。

9.2　政策建议

基于主要研究内容及研究结果，综合考虑国家口粮绝对安全、降低生产成本、去除粮食库存、保障农民种粮收益、推进农业供给侧结构性改革等方面，提出我国粮食价格支持政策调整和改革的对策建议。

9.2.1　维持适当粮食价格支持水平，将稻谷、小麦最低收购价调减幅度分别控制在 20% 和 10% 以内，牢牢守住口粮绝对安全底线

我国人口基数庞大，粮食消费需求量巨大，考虑到未来人口增长和城镇化不断推进，我国粮食需求仍将保持刚性增长，保障我国粮食安全特别是口粮绝对安全，始终要坚定依靠国内粮食生产。鉴于粮食价格支持政策在我国粮食安全战略中的地位十分重要，保障国家粮食安全和粮食市场长远稳定，仍然要依靠粮食价格支持政策的执行。历史教训表明，粮食自给率一旦出现大幅下滑，将很难恢复，即便得到恢复，为此

所付出的代价也十分巨大。因此，须长期坚持执行粮食价格支持政策，并且当前对稻谷、小麦最低收购价的调整幅度不宜过大，确保始终将我国口粮自给率维持在较高水平。

根据实证研究结果，从保障国家粮食安全的角度，应将稻谷最低收购价较其最高水平调减幅度应控制在 20% 以内，将小麦最低收购价较其最高水平调整幅度应控制在 10% 以内；若最低收购价调整幅度超出该范围，则会给我国粮食安全带来威胁，不利于实现"口粮绝对安全"这一长远战略目标。合理调减稻谷、小麦最低收购价并将最低收购价维持在不损害国家粮食安全的水平，不仅是缓解当前粮食市场突出问题的有效方式，更是贯彻落实党中央、国务院关于粮食安全战略决策部署的重要举措。

9.2.2 配套执行生产者补贴政策，弥补种粮收益损失，确保种粮收入不减少

调减最低收购价水平势必减少生产者收入，损害农民切身利益。种粮大户土地流转成本固定且较高，调减价格支持水平对种粮大户的影响尤为巨大，势必会动摇种粮大户生产积极性，甚至出现"跑路"现象，对巩固和促进农业适度规模经营不利。因此，在调减粮食最低收购价水平的同时，要配套出台相应的生产者补贴措施，保证各类经营主体的生产积极性和连续性，促进粮食产业平稳发展。稻谷最低收购价调减 20% 时，稻谷每亩种植收益将减少 211.2 元；小麦最低收购价调减 10% 时，小麦每亩种植收益将减少 78.3 元。当稻谷和小麦最低收购价分别调减 20% 和 10% 时，为保证生产者种粮收益不减少，稻谷生产者补贴应不低于 211.2 元/亩；小麦生产者补贴应不低于 78.3 元/亩。玉米临时收储政策取消后，农民当年、次年玉米每亩收益将减少约 235.3 元，为保护农户玉米种植积极性，每亩玉米生产者补贴应不低于 235.3 元。同时，粮食生产者补贴发放应和促进农业适度规模经营相结合，适

当给予规模生产者较高的补贴标准，形成良好的引导作用，促进农业适度规模经营，达到既保障农民收入又推进农业组织化、适度规模化经营的目的。

9.2.3　打破价格支持水平参照生产成本动态调整机制，配套执行农资价格管控措施

取消价格支持水平与农业生产成本挂钩，打破价格支持水平与粮食生产成本之间相互助推的恶性循环。实证研究充分表明，粮食价格支持政策的实施刺激农业生产资料价格大幅上涨，并能诱导农户为获得高产量而加大单位种植面积上农业要素投入，从而大幅增加粮食生产成本。然而，政府出于保障农民种粮收益考虑，在制定粮食价格支持水平时，很大程度上又参考生产成本因素，依据成本变化动态调高价格支持水平，导致价格支持和生产成本间出现不断相互抬升，最终导致高价格支持和高生产成本并存局面。因此，当前调整和改革粮食最低收购价政策，迫切需要打破价格支持水平参照生产成本动态调整机制，弱化粮食价格支持政策"保收入"功能，强化其"稳价格，保安全"属性，并避免频繁调整价格支持水平，使其更多起到托底保障作用，让价格支持与生产成本完全脱钩，从而打破价格支持和生产成本间相互助推的恶性循环，有效遏制生产成本进一步上涨，改善粮食生产效率和经营效益。

配套出台农资价格管控措施，遏制农资价格过快上涨。导致当前我国农业生产成本持续攀升的一个很重要的原因，是出台粮食价格支持政策的同时并没有配套执行农资价格管控措施，任由农资价格受价格支持政策出台等利好政策刺激而肆意上涨。农资价格关系到农业发展质量和农民切实利益，农资市场监管不到位、不协调，会使国家强农惠农政策大打折扣，降低支农政策实施效果，降低农民获得感。因此，制定和执行粮食价格支持政策的同时，也要出台与之相配套的农业生产资料价格管控措施，使价格支持政策的增收效果不被生产成本所侵蚀，确保惠农

措施最终落到实处、起到实效。控制农资价格过快增长，一是要在思想认识上高度重视，将遏制农资价格过快上涨纳入年度目标考核，牢固树立管控农资价格就是切实落实强农惠农政策的管理理念；二是要建立健全农资价格监测和预警机制，加强对农资价格的实时监测，当农资价格明显上涨时，及时采取应对措施，维持农资市场稳定，加大对扰乱农资市场行为的惩处力度，坚决打击市场投机行为；三是要加大农资价格干预力度，严防农资价格非理性、投机性上涨，必要时可在保证合理利润的基础上实施农资价格管制措施，设定农资价格上限，限制农资价格普遍快速上涨。

建立节约使用化肥、农药激励机制，加强基层农业生产技术指导。粮食价格支持政策能促使农户加大生产要素投入使用，从而提高生产成本，因此需完善粮食价格支持政策措施，避免政策执行对农户的要素使用行为产生明显影响。一方面，可结合国家现代农业"十三五"发展规划中实现化肥、农药零增长目标，研究制定节本增效激励机制，对减少单位面积化肥、农药投入的农户或区县给予适当的资金或物化补贴，引导农户从提高农业生产效率和经营效益的角度安排农业生产，降低农业生产对化学要素的过度依赖，促进农业高质量发展；另一方面，要贯彻科学种田理念，完善农技推广体系建设，创新农技推广方式，加大先进节本增效生产技术推广力度，通过试验示范、组织观摩等方法，加强对农户的生产技术、田间管理方法的指导，引导农户采用科学的技术、先进的管理来提高粮食单产水平，而不是简单依靠加大要素投入来提高产出水平，从而促进农业生产科技进步水平明显提升。

9.2.4 执行差别化粮食价格支持政策，推动农业供给侧结构性改革

实施地区差别化价格支持政策，稳定和扩大优势产区粮食生产，优化粮食产业区域布局结构。我国气候条件多样、农业资源丰富，各类粮

食优势产区地域分布明显；只有在优势产区发展优势粮食品种生产，才能充分发挥区域资源禀赋优势，优化产业空间布局，提高粮食产业整体发展水平和效益。粮食价格支持政策改革应坚持分区施策、分类引导，促进粮食区域种植结构优化调整。稻谷：1）在东北平原水稻优势种植区维持相对较高的粳稻价格支持水平，重点发展优质食味粳米，提高粳米商品化率，满足北方地区和南方大中城市日益增长的食味稻米消费需求；2）在江淮地区即江苏、安徽长江以北和淮河以南地区、河南南部，适当提高粳稻最低收购价水平，其价格支持水平可适当低于东北平原水稻优势种植区，鼓励该地区逐步扩大优质粳米生产，在满足当地优质粳米消费需求的基础上，加大对东南沿海粳米市场的供应能力；3）在其他政策地区，适当降低稻谷价格支持水平（较最高水平调减 20％以内），执行托底的稻谷最低收购价，维持全国较高的稻谷自给水平。小麦：1）在价格政策覆盖区和黄淮海小麦优势种植区的重合区域，即河北、山东、河南中北部、江苏北部、安徽北部，适当提高优质强筋小麦最低收购价水平；2）在价格政策覆盖区和长江中下游小麦优势种植区的重合区域，即江苏、安徽两省淮河以南、湖北北部、河南南部等地区，适当提高优质弱筋小麦最低收购价水平；3）在其他政策地区，根据最高支持价格水平 10％以内的幅度，调减小麦价格支持水平，统一执行保底最低收购价，托底保障国家小麦口粮安全。

执行品种差别化价格支持政策，提高主推优良品种价格支持水平，促进优质新品种推广应用，改善供给侧粮食品种结构。虽然当前我国粮食最低收购价政策考虑了粮食品级间的差异，但品级指标仍停留在水分率、出米率等基本指标上，且不同品级间价格级差较小，未能充分体现优质优价原则，不适应农业供给侧结构性改革关于提高产品供给质量的基本目标。因此，需要进一步完善粮食最低收购价政策，将支持价格从粮食大类细化到主推优良品种上，筛选不同地区主导品种，提高主导优良品种的价格支持力度，通过发挥价格杠杆作用，有效引导各地区农户开展优良品种种植，改善我国粮食品种结构，提高优质高端粮食产品比重，推动农业供给侧结构性改革；通过加大品种价格支持力度，促进优良品种推广，还可以进一步提升粮食产业科技进步水平，使价格支持政策成为推进粮食产业高质量发展的重要抓手。具体做法：1）确定稻谷、小麦托底最低收购价，继续实行级差收购，并适当扩大等级差价，筑牢口粮绝对安全保障底线；2）根据各省（区、市）生产特点及优良品种选育进展，筛选地区主推品种3～5个，提高筛选品种特别是优质食味稻米品种和优质强筋、弱筋小麦品种的最低收购价水平，适当高于托底最低收购价，引导农户积极选种优良品种，改善种植结构；3）在收购时增加粮食品种验证识别环节，如识别粮食物理性状、查验购种时载有品种名称、数量、播种面积、购买人姓名等信息的有效购买凭证（严格加强种子销售登记、备案管理）等，尽量简化收购流程，保障优品优价的导向政策能够顺利有效实施；4）具体品种筛选、最低收购价水平等政策细则，可由省级人民政府根据各地实际情况负责制定实施。

9.2.5　采取多样化措施，积极去除粮食库存

确保口粮绝对安全，需要保有一定的库存量，按照联合国粮食及农业组织的有关标准，粮食库存量需维持在消费量的17％～18％。虽然我国人口基数庞大，需保持相对较高的粮食库存量，但当前我国粮食库存数量庞大；根据联合国粮食及农业组织和美国农业部数据，2016年我国大米库存量达9880万吨，小麦库存量达到8934.1万吨，玉米期末库存高达2.09亿吨，分别占到当年消费量的82％、60％和84.9％，库存消费比远高于联合国粮食及农业组织的粮食安全警戒水平。高库存带来较大的仓储和资金压力，并且粮食存储期超过一定年限将变成陈化粮食（稻谷3年，小麦5年），不能满足基本的食用消费需求，将面临巨大的浪费风险，因此当前我国粮食去库存形势仍然较严峻。研究结果表明，调整价格支持水平对粮食库存总量影响有限，调减粮食最低收购

价不是去除粮食库存的理想方式，落实粮食去库存任务需要依靠其他有效政策举措。去除粮食高库存可行的措施有：一是优化粮食收储机制，鼓励多元主体入市收购，建立完善产销衔接机制，积极发展订单农业；二是逐步取消顺价销售，适度实施降价销售，积极将库存粮食用于国内消费，减少仓储成本，避免粮食陈化浪费，达到既缓解库存压力，又满足国内粮食消费需求的目的；三是大力发展粮食加工业，积极将库存粮食加工成包装食品、酒精饮料等产品，延长保存期限，满足社会多样化需求，通过发展粮食加工，延伸产业链条，提升产品价值，推动粮食产业高质量发展。

参 考 文 献

蔡贤恩，2008. 我国粮食收购价格政策评析及完善思路 [J]. 价格理论与实践 (8)：
　32－33.

曹宝明，赵霞，2011. 基于局部均衡理论的中国大豆及其制品供需变化预测 [J]. 中国
　农村经济 (9)：23－36.

曹慧，张玉梅，孙昊，2017. 粮食最低收购价政策改革思路与影响分析 [J]. 中国农村
　经济 (11)：33－46.

陈汉圣，吕涛，2009. 农业生产资料价格变动对农户的影响 [J]. 中国农村观察 (6)：
　41－45.

陈颐东，2016. 欧美农产品价格支持政策的演变与启示 [J]. 西部论坛，26 (6)：44－49.

陈永福，2004. 中国食物供求预测 [M]. 北京：中国农业出版社.

陈永福，2005. 中国粮食供求预测与对策探讨 [J]. 农业经济问题 (4)：8－13.

陈永福，刘春成，2008. 中国杂粮供求：基于局部均衡模型的结构与模拟分析 [J]. 中
　国农村经济 (7)：53－62.

陈永福，钱小平，罗万纯，2006.2005—2010 年中国大米供求预测 [J]. 新疆农垦经济
　(5)：13－19.

程国强，2016. 我国粮价政策改革的逻辑与思路 [J]. 农业经济问题 (2)：4－9.

樊琦　祁华清，2014. 转变城镇化发展方式与保障国家粮食安全研究 [J]. 宏观经济研
　究 (8)：54－60.

国家发展和改革委员会产业经济与技术经济研究所课题组，2016. 构建我国新的粮食
　价格支持政策框架的建议 [J]. 经济纵横 (5)：61－65.

韩艳旗，王红玲，2008. 新形势下农资价格大幅上涨对"三农"的影响分析 [J]. 华中
　农业大学学报：社会科学版 (6)：38－43.

何全胜，2010. 交易理论 [M]. 北京：新华出版社.

贺伟，2010. 我国粮食最低收购价政策的现状问题及完善对策 [J]. 宏观经济研究
　(10)：32－36.

贺伟，矢善利，2011. 我国粮食托市收购政策研究 [J]. 中国软科学 (9)：10－17.

黄季焜，李宁辉，2003. 中国农业政策分析和预测模型：CAPSiM [J]. 南京农业大学
　学报：社会科学版 (2)：30－41.

黄季焜，徐志刚，李宁辉，等，2005. 贸易自由化与中国的农业、贫困和公平 [J]. 农

业经济问题（7）：9-15.

黄季焜，杨军，仇焕广，2012. 新时期国家粮食安全战略和政策的思考 [J]. 农业经济问题（3）：4-8.

黄奕忠，2006. 粮食最低收购价格政策的经济学分析 [J]. 金融与经济（11）：13-15.

贾娟琪，李先德，2016. 粮食价格调控政策对粮价波动的影响 [J]. 华南农业大学学报：社会科学版（1）：62-71.

贾娟琪，李先德，王士海，2017. 粮食支持政策调整对不同规模粮农种植决策的影响：基于山东、河北和河南三省的农户调研数据 [J]. 经济体制改革（1）：89-95.

贾娟琪，李先德，王士海，2016. 中国粮食价格支持政策对国内外粮食价格溢出效应的影响研究 [J]. 华中农业大学学报：社会科学版（4）：41-47.

姜长云，李显戈，2014. 关于我国粮食安全与粮食政策问题的思考 [J]. 宏观经济研究（3）：3-10.

亢霞，2014. 欧盟粮食干预价格政策及其对我国的启示 [J]. 价格理论与实践（7）：100-102.

孔祥智，2016. 农业供给侧结构性改革的基本内涵与政策建议 [J]. 改革（2）：104-115.

孔祥智，2014. 农业政策学 [M]. 北京：高等教育出版社.

蓝海涛，姜长云，2009. 经济周期背景下中国粮食生产成本的变动及趋势 [J]. 中国农村经济（6）：4-12.

李邦熹，王雅鹏，2016. 小麦最低收购价政策对农户福利效应的影响研究 [J]. 华中农业大学学报：社会科学版（4）：47-52.

李波，2016. 我国粮食最低收购价政策效果与评价研究 [J]. 价格理论与实践（11）：70-73.

李东坡，南石晃明，长命洋佑，2018. 日本稻米价格与收入补贴政策的演进过程及战略创新 [J]. 中国农业大学学报：社会科学版（1）：89-99.

李丰，胡舟，2016. 粮食最低收购价政策对农户种植行为的影响分析：以稻谷主生产区为例 [J]. 价格理论与实践（10）：94-97.

李光泗，郑毓盛，2014. 粮食价格调控、制度成本与社会福利变化：基于两种价格政策的分析 [J]. 农业经济问题（8）：6-15.

李国祥，2016. 为什么要继续执行并完善最低收购价政策 [J]. 农村经济（4）：3-7.

李国祥，2011. 2003年以来中国农产品价格上涨分析 [J]. 中国农村经济（2）：11-21.

李俊鹏，冯中朝，吴清华，2019. 农田水利设施的粮食生产成本节约效应研究 [J]. 改革（6）：102-113.

李文明，罗丹，陈洁，等，2015. 农业适度规模经营：规模效益、产出水平与生产成本：基于1552个水稻种植户的调查数据 [J]. 中国农村经济（3）：4-17.

李雪，韩一军，付文阁，2018. 最低收购价政策对小麦市场价格波动影响的实证分析 [J]. 华中农业大学学报：社会科学版 (2)：1-7.

蔺丽莉，2009. 当前我国农资价格异常变动的原因及对策 [J]. 中国统计 (2)：48-50.

刘宁，2012. 能源价格波动对粮食生产成本的动态影响研究 [J]. 财贸研究，23 (4)：34-39，82.

刘强，杨万江，孟华兵，2017. 农业生产性服务对我国粮食生产成本效率的影响分析：以水稻产业为例 [J]. 农业现代化研究 (1)：8-14.

刘睿，2009. 粮食最低收购价政策的经济学分析和效应评述 [J]. 粮食科技与经济，34 (1)：13-14.

刘宇，黄季焜，杨军，2009. 新一轮多哈贸易自由化对中国农业的影响 [J]. 农业经济问题 (9)：16-23.

卢华，胡浩，2015. 土地细碎化增加农业生产成本了吗？来自江苏省的微观调查 [J]. 经济评论 (5)：129-140.

昌晓英，李先德，2014. 美国农业政策支持水平及改革走向 [J]. 农业经济问题，35 (2)：102-109.

马晓河，2011. 中国农业收益与生产成本变动的结构分析 [J]. 中国农村经济 (5)：4-11.

穆月英，小池淳司，2009. 我国农业补贴政策的 SCGE 模型构建及模拟分析 [J]. 数量经济技术经济研究 (1)：3-15.

彭代彦，郭更臣，颜军梅，2013. 中国农业生产资料价格上涨原因的变结构协整分析 [J]. 中国农村经济 (6)：48-59.

钱加荣，曹正伟，2017. 我国粮食价格支持政策与生产成本关系研究：基于面板 Granger 因果检验分析 [J]. 价格理论与实践 (3)：86-88.

钱加荣，赵芝俊，2019. 价格支持政策对粮食价格的影响机制及效应分析 [J]. 农业技术经济 (8)：89-98.

钱小平，陈永福，2007. 世界大米供求与预测 [M]. 北京：中国农业出版社.

施勇杰，2007. 新形势下我国粮食最低收购价政策探析 [J]. 农业经济问题 (6)：76-79.

宋亮，赵霞，缪书超，2019. 粮食价格支持政策促进还是抑制了土地流转？基于 CHIP 微观数据的实证分析 [J]. 干旱区资源与环境 (8)：1-7.

孙杭生，顾焕章，2002. 我国粮食收购保护价政策及定价机制研究 [J]. 南京农业大学学报：社会科学版，2 (1)：11-17.

谭淑豪 2011. 现行农地经营格局对农业生产成本的影响 [J]. 农业技术经济 (4)：71-78.

谭砚文，杨重玉，陈丁薇，等，2014. 中国粮食市场调控政策的实施绩效与评价 [J].

农业经济问题，35（5）：87-98.

田锡全，2006.粮食统购统销制度研究的回顾与思考［J］.中国经济史研究（2）：98-102.

田锡全，2007.1953年粮食危机与统购统销政策的出台［J］.华东师范大学学报：哲学社会科学版（5）：54-60.

汪林海，2008.价格理论［M］.北京：世界图书出版社.

王嫚嫚，刘颖，陈实，2017.规模报酬、产出利润与生产成本视角下的农业适度规模经营：基于江汉平原354个水稻种植户的研究［J］.农业技术经济（4）：83-94.

王韧，2006.中国农村居民收入决定特征及其影响因素变动：1952—2003年［J］.数量经济技术经济研究（4）：3-13.

王善高，田旭，2017.中国粮食生产成本上升原因探究：基于稻谷、小麦、玉米的实证分析［J］.农业现代化研究（4）：571-580.

王士海，李先德，2012.粮食最低收购价政策托市效应研究［J］.农业技术经济（4）：105-111.

王双进，2014.我国粮食生产成本十年变动原因及对策［J］.经济纵横（9）：51-54.

王双进，苏景然，2014.粮食价格支持政策演变历程及经验启示［J］.宏观经济管理（9）：48-50.

吴清华，周晓时，冯中朝，2014.基础设施降低了农业生产成本吗？基于分位数回归方法［J］.华中农业大学学报：社会科学版（5）：53-59.

肖海峰，1999.粮食保护价格政策的基本原理及其运行机制的国际比较［J］.中国农村经济（2）：10-16.

徐轶博，2017.美国农业支持政策：发展历程与未来趋势［J］.世界农业（8）：111-117.

徐志刚，习银生，张世煌，2010.2008—2009年度国家玉米临时收储政策实施状况分析［J］.农业经济问题（3）：16-23.

姚季伦，2009.农业机械对降低三大粮食作物生产成本的作用［J］.农机化研究，31（4）：24-27.

叶兴庆，2017.日本大米支持政策的改革动向及启示［J］.农业经济问题（12）：93-98.

叶兴庆，2016."十三五"时期农产品价格支持政策改革的总体思路与建议［J］.中国粮食经济（1）：28-32.

叶兴庆，秦中春，金三林，2016."十三五"时期农产品价格支持政策改革总体思路［N］.中国经济时报，05-30（004）.

虞松波，刘婷，曹宝明，2019.农业机械化服务对粮食生产成本效率的影响：来自中国小麦主产区的经验证据［J］.华中农业大学学报：社会科学版（4）：81-89.

于晓华，武宗励，周洁红，2017.欧盟农业改革对中国的启示：国际粮食价格长期波动和国内农业补贴政策的关系 [J]. 中国农村经济（2）：84 - 96.

张学兵，2007. 粮食统购统销制度解体过程的历史考察 [J]. 中共党史研究（3）：54 - 60.

张照新，徐雪高，彭超，2016. 农业发展阶段转变背景下粮食价格支持政策的改革思路 [J]. 北京工商大学学报：社会科学版（4）：33 - 39.

钟钰，陈博文，孙林，等，2014. 泰国大米价格支持政策实践及启示 [J]. 农业经济问题，35（10）：103 - 109.

朱晶，晋乐，2016. 农业基础设施与粮食生产成本的关联度 [J]. 改革（11）：74 - 84.

朱喜安，李良，2016. 粮食最低收购价格通知对粮食价格的影响：基于事件分析法的研究 [J]. 社会科学家（5）：60 - 64.

ADEDULLAH, ALI M, 2001. Wheat self - sufficiency in different policy scenarios and their likely impacts on producers, consumers, and the public exchequer [J]. Pakistan Development Review, 40（3）：203 - 223.

ANTLE J M, 1983. Infrastructure and aggregate agricultural productivity: International evidence [J]. Economic Development & Cultural Change, 31（3）：609 - 619.

ASCHAUER D A, 1989. Is public expenditure productive? [J]. Journal of Monetary Economics, 23（2）：177 - 200.

ATWOOD J A, WATTS M J, BAQUET A E, 1996. An examination of the effects of price supports and federal crop insurance upon the economic growth, capital structure, and financial survival of wheat growers in the northern high plains [J]. American Journal of Agricultural Economics, 78（1）：212 - 224.

BARKER R, HAYANI Y, 1976. Price support versus input subsidy for food self - sufficiency in developing countries [J]. American Journal of Agricultural Economics, 58（4）：617 - 628.

BAYES A M, PARTON K A, PIGGOTT R R, 1985. Combined price support and fertilizer subsidy policies for food self - sufficiency: A case study of rice in Bangladesh [J]. Food Policy, 10（3）：225 - 236.

BEGHIN J C, BUREAU J C, PARK S J, 2003. Food security and agricultural protection in South Korea [J]. American Journal of Agricultural Economics, 85（3）：618 - 632.

BELONGIA M T, 1983. Agricultural price supports and cost of production: Comment [J]. American Journal of Agricultural Economics, 65（3）：620 - 622.

BOUET A, ESTRADES C, LABORDE D, 2014. Differential export taxes along the oilseeds value chain: A partial equilibrium analysis [J]. American Journal of Agricultural Economics, 96（3）：924 - 938.

CHAVAS J P, KIM K, 2004. A heteroskedastic multivariate Tobit analysis of price dynamics in the presence of price floors [J]. American Journal of Agricultural Economics, 86 (3): 576 – 593.

DRUMMOND W M, 1951. Objectives of an agricultural price support policy [J]. Canadian Journal of Economics and Political Science, 17 (3): 344 – 351.

FAN S, AGCAOILI – SOMBILLA M, 1997. Why projections on China's future food supply and demand differ [J]. Australian Journal of Agricultural and Resource Economics, 41 (2): 169 – 190.

FOSTER K A, MWANAUMO A, 1995. Estimation of dynamic maize supply response in Zambia [J]. Agricultural Economics, 12 (1): 99 – 107.

FRASER R W, 2003. An evaluation of the compensation required by European Union cereal growers to accept the removal of price support [J]. Journal of Agricultural Economics, 54 (3): 431 – 445.

FRASER R W, 1994. The impact of price support on set – aside responses to an increase in price uncertainty [J]. European Review of Agricultural Economics, 21 (1): 131 – 136.

FRASER R W, 1991. Price – support effects on ec – producers [J]. Journal of Agricultural Economics, 42 (1): 1 – 10.

FRENCH B C, MATTHEWS J L, 1971. A supply response model for perennial crops [J]. American Journal of Agricultural Economics, 53 (3): 478 – 490.

GOUEL C, 2013. Optimal food price stabilization policy [J]. European Economic Review, 57: 118 – 134.

GRONENEWEGEN J R, CLAYTON K C, 1982. Agricultural price supports and cost of production [J]. American Journal of Agricultural Economics, 64 (2): 271 – 275.

GROENEWEGEN J R, CLAYTON K C, 1983. Agricultural price supports and cost of production: Reply [J]. American Journal of Agricultural Economics, 65 (3): 626 – 628.

GULLSTRAND J, DE BLANDER R, WALDO S, 2014. The influence of biodiversity provision on the cost structure of Swedish dairy farming [J]. Journal of Agricultural Economics, 65 (1), 87 – 111.

HARTWIG J, 2010. Is health capital formation good for long – term economic growth? Panel Granger – causality evidence for OECD countries [J]. Journal of Macroeconomics, 32 (1): 314 – 325.

HASSABALLA H, 2014. Testing for Granger causality between energy use and foreign direct investment Inflows in developing countries [J]. Renewable and Sustainable Energy Reviews, 31: 417 – 426.

HAYASHI F, 2000. Econometrics [M] . Princeton: Princeton University Press.

HUANG J, ROZELLE S, ROSEGRANT M W, 1999. China's food economy to the 21st century: Supply, demand, and trade [J]. Economic Development and Cultural Change, 47 (4): 737 - 766.

IM K S, PESARAN M H, SHIN Y, 2003. Testing for unit roots in heterogeneous panels [J]. Journal of Econometrics, 115 (1): 53 - 74.

JABARIN A S, EPPLIN F M, 1994. Impacts of land fragmentation on the cost of producing wheat in the rain - fed region of northern Jordan [J]. Agricultural Economics, 11 (2/3): 191 - 196.

KAO C, 1999. Spurious regression and residual - based tests for cointegration in panel data [J]. Journal of Econometrics, 90 (1): 1 - 44.

KAWASAKI K, 2010. The costs and benefits of land fragmentation of rice farms in Japan [J]. Australian Journal of Agricultural and Resource Economics, 54 (4): 509 - 526.

EIN K, CHAVAS J P, 2002. A dynamic analysis of the effects of a price support program on price dynamics and price volatility [J]. Journal of Agricultural and Resource Economics, 27 (2): 495 - 514.

KIONSKY K, 2012. Comparison of production costs and resource use for organic and conventional production systems [J]. American Journal of Agricultural Economics, 94 (2): 314 - 321.

KOZICKA M, KALKUHL M, Brockhaus J, 2017. Food grain policies in India and their implications for stocks and fiscal costs: A dynamic partial equilibrium analysis [J]. Journal of Agricultural Economics, 68 (1): 98 - 122.

LEE D S, KENNEDY P L, 2007. A political economic analysis of U. S. rice export programs to Japan and South Korea: A game theoretic approach [J]. American Journal of Agricultural Economics, 89 (1): 104 - 115.

LU W C, 2002. Effects of agricultural market policy on crop production in China [J]. Food Policy, 27 (5/6): 561 - 573.

MADDALA G S, WU S, 1999. A comparative study of unit root tests with panel data and a new simple test [J]. Oxford Bulletin of Economics and Statistics, 61 (S1): 631 - 652.

MANENDRA DEV S, CHANDRASEKHARA RAO N, 2010. Agricultural price policy, farm profitability and food security [J]. Economic and Political Weekly, 45 (26): 174 - 182.

MALEK S, 1992. Price support, input subsidy and combined policy for food self - sufficiency in Pakistan [J]. Pakistan Economic and Social Review, 30 (1): 33 - 47.

MAMATZAKIS E C, 2003. Public infrastructure and productivity growth in Greek agriculture [J]. Agricultural Economics, 29 (2): 169 – 180.

MEILKE K D, GRIFFITH G R, 1983. Incorporating policy variables in a model of the world soybean/rapeseed market [J]. American Journal of Agricultural Economics, 65 (1): 65 – 73.

MUKHTAR S M, DAWSON P J, 1990. Herd size and unit costs of production in the England and Wales dairy sector [J]. Journal of Agricultural Economics, 41 (1): 9 – 20.

MUSHTAQ K, DAWSON P J, 2002. Acreage response in Pakistan: A co – integration approach [J]. Agricultural Economics, 27 (2): 111 – 121.

NEHRING R, BARNARD C, BANKER D, BRENEMAN V, 2006. Urban influence on costs of production in the corn belt [J]. American Journal of Agricultural Economics, 88 (4): 930 – 946.

NERLOVE M, 1956. Estimates of the elasticities of supply of selected agricultural commodities [J]. Journal of Farm Economics, 38 (2): 496 – 509.

OTSUKA K, HAYAMI Y, 1985. Goals and consequences of rice policy in Japan: 1965 – 1980 [J]. American Journal of Agricultural Economics, 67 (3): 529 – 538.

PASOUR E C, 1980. Cost of production: A defensible basis for agricultural price supports? [J]. American Journal of Agricultural Economics, 62 (2): 244 – 248.

PASOUR E C, 1983. Agricultural price supports and cost of production: Comment [J]. American Journal of Agricultural Economics, 65 (3): 623 – 625.

PEDRONI P, 1999. Critical values for cointegration tests in heterogeneous panels with multiple regressors [J]. Oxford Bulletin of Economics and Statistics, 61 (S1): 653 – 670.

PEDRONI P, 2004. Panel cointegration: Asymptotic and finite sample properties of pooled time series tests with an application to the PPP hypothesis [J]. Econometric Theory, 20 (3): 597 – 625.

QIAN J, ITO S, MU Y, et al, 2013. High meat price and increasing grain consumption in China [J]. Japanese Journal of Farm Management, 51 (3): 67 – 72.

QIAN J, ITO S, ISODA H, et al, 2012. Yield response to price and high – quality seed Subsidy policies in China [J]. Japanese Journal of Farm Management, 50 (1): 118 – 123.

QIAN J, ITO S, MU Y, et al, 2018. The role of subsidy policies in achieving grain self – sufficiency in china: A partial equilibrium approach [J]. Agricultural Economics: Czech Republic, 64 (1): 23 – 35.

QIAN J, ITO S, ZHAO Z, et al, 2015. Impact of agricultural subsidy policies on grain prices in China [J]. Journal of the Faculty of Agriculture, Kyushu University, 60 (1): 273 - 279.

QIAN J, ITO S, MU Y. et al, 2013. Effect of grain price support policy in China: A grey relational analysis [J]. Journal of the Faculty of Agriculture, Kyushu University, 58 (2): 485 - 491.

ROSEGRANT M W, PAISNER M S, SIET M, et al, 2001. 2020 global food outlook [M]. International Food Policy Research Institute: 1 - 24.

RUSSO C, GOODHUE R E, SEXTON R J, 2011. Agricultural support policies in imperfectly competitive markets: Why market power matters in policy design [J]. American Journal of Agricultural Economics, 93 (5): 1328 - 1340.

SERRA T, ZILBERMAN D, GOODWIN B K, et al, 2005. Replacement of agricultural price supports by area payments in the European Union and the effects on pesticide use [J]. American Journal of Agricultural Economics, 87 (4): 870 - 884.

SINGH SIDHU J, SIDHU D S, 1985. Price - support versus fertilizer subsidy: An evaluation [J]. Economic and Political Weekly, 20 (13): 17 - 22.

SONG J, CARTER C A, 1996. Rice trade liberalization and implications for U. S. policy [J]. American Journal of Agricultural Economics, 78 (4): 891 - 905.

TAN S, HEERINK N, KRUSEMAN G, et al, 2008. Do fragmented landholdings have higher production costs? Evidence from rice farmers in northeastern Jiangxi province, P. R. China [J]. China Economic Review, 19 (3): 347 - 358.

TERUEL R G, KURODA Y, 2005. Public infrastructure and productivity growth in Philippine agriculture: 1974 - 2000 [J]. Journal of Asian Economics, 16 (3): 555 - 576.

VITALE J D, DJOURRA H, SIDIBÉ A, 2009. Estimating the supply response of cotton and cereal crops in smallholder production systems: Recent evidence from Mali [J]. Agricultural Economics, 40 (5): 519 - 533.

YU B, LIU, F, YOU L, 2012. Dynamic agricultural supply response under economic transformation: A case study of henan, China [J]. American Journal of Agricultural Economics, 94 (2): 370 - 376.

ZHAO J, MILLER J I, THOMPSON W, 2018. Modeling and extrapolating wheat producer support using income and other factors [J]. Journal of Agricultural Economics, 69 (2): 338 - 350.